죄송하지만
저희 출판사와는
맞지 않습니다

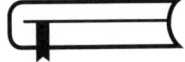

현직 편집자가 알려주는 출판되는 책쓰기

죄송하지만
Sorry,

저희 출판사와는
your manuscript is

맞지 않습니다
not a good fit for our list

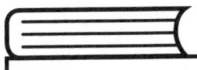

김지호 지음

행성B

프롤로그

구조화로 길을 잡는 책쓰기의 여정

오랫동안 편집 일을 해온 덕분에 작가가 부단한 노력 끝에 완성한 글을 가장 먼저 만나는 행운을 누렸습니다. 인문·사회, 에세이, 자기계발, 청소년, 교육 등 다양한 분야의 개성 있는 원고를 만났지요.

읽다가 혼자 빵 터져서 버스에서 내린 적도 있고 내 안의 편견을 깨는 글 앞에서는 부끄러움에 얼굴이 달아오르기도 했습니다. 일상을 달리 보게 하는 글, 깊은 사유와 성찰이 담긴 문장을 만날 때면 질투심을 다독이며 나도 그런 글을 쓰고 싶다는 소망을 키웠습니다.

늘 괜찮은 원고만 있었던 것은 아닙니다. 정도의 차이는 있지만 보완이 필요한 원고가 (사실은 더) 많았습니다. 특히 다음과 같은 경우는 작가가 퇴고에 좀 더 공을 들여야 했어요.

1. 재미는 있는데 다 읽고 나면 남는 게 없는 원고
2. 시작은 좋은데 뒤로 갈수록 밀도가 떨어지더니 흐지부지 결말이 나는 원고
3. 앞에서는 이런 이야기를 했다가 뒤에서는 전혀 다른 이야기를 하는 원고

이 외에도 말하고자 하는 바가 무엇인지 파악하기 어렵거나, 자기 세계에 빠져 현실 감각을 상실한 원고도 많았습니다. 독자를 고려하지 못한 원고지요. 이런 원고들은 편집자의 정중한 이메일을 받게 됩니다.

"죄송하지만 저희 출판사와는 맞지 않습니다."

이 말에는 여러 뜻이 담겨 있어요. 정말 그 출판사의 출간 방향성과 맞지 않는 원고일 수도 있습니다. 하지만 많은 경우

완성도가 미흡하고 독자와 소통하지 않는다는 뜻이 숨겨져 있지요.

번번이 출판을 거절당하는 원고에 공통적으로 필요한 것은 '일관성'입니다. 한 권의 책이 일관성을 갖추려면 분명한 메시지, 설득력 있는 논리 전개, 흔들림 없는 목소리(문체와 톤) 등이 필요합니다.

쉬운 일은 아닙니다. 원고 작성은 하루 이틀 만에 끝나지 않습니다. 수개월, 길게는 몇 년이 걸리는 긴 작업이에요. 그동안 작가는 일상을 살아야 합니다. 업무 보고를 해야 하고, 출장도 가야 하며, 치과 검진도 받아야 합니다. 냉장고 정리도 하고 혹시 세제가 떨어지지는 않았는지 창고 문도 열어봐야 해요. 일과를 마치고 겨우 책상 앞에 앉아 글을 써나갑니다. 이런 와중에 원고의 일관성을 챙기려면 특별한 노력이 필요해요.

《죄송하지만 저희 출판사와는 맞지 않습니다》에서 제안하는 '출판되는 책쓰기' 방법은 '구조화'입니다. 무슨 말을 할지(메시지), 누구에게 말을 걸지(독자 혹은 청자), 어떤 루트로 갈지

(구성)를 미리 정하는 겁니다.

구조화는 중간에 길을 잃고 헤매지 않게 도와줍니다. 불확실성을 해소하고 지금 이 길을 걷는 사람이 누구인지를 명확히 해주지요. 구조화는 시간과 속도를 통제할 수 있게 합니다. 방향을 알고 있으니 언제든 쉬어 갈 수 있어요. 중간 기착지에서는 지나온 루트를 확인하고 앞으로의 계획을 점검합니다. 체력을 보충하고 의지를 다짐으로써 지치지 않는 글쓰기를 계속합니다.

이 책에는 책쓰기를 위한 마음가짐, 크고 작은 팁, 유용한 툴(프로그램)이 등장합니다. 지난 20여 년간 몇 권의 책을 쓰고 편집 일을 해오며 마음으로 메모해 둔 것들이에요.

'출판되는 책쓰기'는 마음에 그린 독자를 찾아가는 여정입니다. 시작은 혼자지만 타인과의 만남이 기다리고 있지요. 그 길이 외롭지 않기를, 소통의 기쁨이 함께하는 여행이기를 바라며 이 책을 썼습니다.

그럼 워밍업부터 시작해 볼까요.

차례

프롤로그 구조화로 길을 잡는 책쓰기의 여정　4

워밍업

첫 문장 쓰기	18
지치지 않고 쓰기	24
루틴의 재구성	34
글쓰기 학원이라도 다녀야 할까	40
인공지능 활용하기	43
웹소설 작가 무연 씨의 경우	46
초심 유지를 위한 질문 몇 가지	48

1부. 콘텐츠 확보하기

● **글 재료와 주제 찾기**	53
경험	54
노하우	56
성공담	58
평소 하고 싶었던 말	60

● **자료 조사하기** 64
시장 조사 65
참고 자료 수집 69
출판사 조사 72

● **생각 정리하기** 75
아이디어 스케치 76
마인드맵 그리기 78
기획서로 문서화하기 80
예상 독자와의 가상 인터뷰 88
홍보 문구 써보기 91

2부. 본문 쓰기

● **글쓰기 도구 정하기** 97
종이인가, 디지털인가 98
워드프로세서 또는 스크리브너 100
단계별 도구 활용 104

● **틀 잡기** 106
차례 만들기 107
명함용지 이용하기 112
스크리브너로 차례 만들기 114
수정-확정하기 120

챕터 구체화하기	123
키워드 달기	126
들어갈 내용 나열하기	128
분량 배분하기	133
파일 쪼개기	135
● **본문 쓰기**	138
머리말을 먼저 쓰자	139
간결하게 쓰자	141
중간 제목을 달자	144
쉽게 쓰자	149
핵심 내용을 먼저 쓰자	151
다채롭게 쓰자	153
맞춤법·표기법을 지키자	156
무엇보다 진심	158

3부. 완성과 투고

● **초교**	163
첫 수정의 첫 준비	164
수정하기-흐름 편	170
수정하기-맞춤법과 비문 편	173
● **재교**	176

| 오류와 피드백 | 177 |

● **투고하기** 180
제안서 만들기 181
투고의 단계 184
거절과 승낙 190

4부. 책쓰기 작업의 실제

1. 주제 정하기 단계	197
2. 자료 조사하기 단계	200
3. 생각 정리하기 단계	205
4. 글쓰기 도구와 틀 잡기 단계	212
5. 본문 쓰기 단계	220
6. 완성하기 단계	224
7. 투고하기 단계	227

에필로그 미래의 작가가 될 당신에게 229

부록 스크리브너 사용법

1. 설치에서 활용까지 239 | 2. 알아두면 요긴한 기능들 257

워밍업

사례 1

A는 얼마 전 거래처 대표가 냈다는 책을 꺼내 이리저리 살펴봅니다. '이 정도는 나도 쓸 수 있겠는걸.' 문득 자기도 책을 쓰고 싶다는 생각이 듭니다. 그에게는 기획 부서에서 오랫동안 일하며 쌓인 노하우가 있습니다. 보고서나 제안서 등을 작성할 때 내용이 좋고 문장도 깔끔하다는 피드백을 자주 받았습니다. 가능성을 확인하자 희망이 솟습니다.

A는 한 달 동안 토요일 오후, 일요일 오전 각각 3시간씩 글을 씁니다. 그렇게 해서 A4 스무 장을 채워요. 3만 자 정도 분량으로, 이 정도면 책의 4분의 1이 완성된 셈입니다. 그러나 1년이 지난 오늘까지 원고는 미완성입니다.

금요일에 과음하는 바람에 토요일 오전을 까먹습니다. 일요일은 모임에 참석하느라 밤이 늦어서야 겨우 책상 앞에 앉습니다. 이런 일이 반복되면서 A가 작정한 원고는 결국 절반쯤 진행된 상태로 지금껏 노트북에 저장되어 있습니다.

사례 2

B에게는 최근 고민이 생겼습니다. 자주 가는 커뮤니티에서 모 출판사가 원고를 모집한다는 글을 보았기 때문입니다. B는 그동안 써둔 육아 일기가 떠올랐습니다. 아이가 태어날 때부터 여섯 살인 지금까지 하루도 빠짐없이 쓰고 있는 그 글이 잘하면 책이 될 수도 있겠다는 생각이 듭니다.

다음 날 아침, 출근길에 선 B는 마음이 무겁습니다. 괜한 일을 벌이는 것 같기 때문입니다. '내가 할 수 있을까? 고작 일기에 불과한 글을 누가 사서 볼까? 열심히 원고를 정리해서 투고했는데 거절당하면, 그땐 어쩌지? 괜한 고생을 하는 건 아닐까? 가뜩이나 시간도 없고 할 일도 많은데. 나 같은 사람이 책은 무슨 책…'

결국 B는 어젯밤의 결심을 실행에 옮기지 못합니다. 그리고 이런 식의 다짐하기-포기하기는 원고 모집일이 지날 때까지 계속됩니다.

사례 3

웹소설을 쓰는 C는 무료 연재를 하고 있습니다. 일주일 전에 한 플랫폼 편집자의 연락을 받았습니다. 기존 연재와는 별개로 새로운 작품을 기획 단계부터 함께 해보자는 제안이었습니다. 담당 편집자는 요즘 핫한 환생 테마에 무협과 타임 루프, 복수와 로맨스를 뒤섞은 이야기를 원했습니다.

통화하는 내내 난감한 기분이었지만, C는 기회를 놓치고 싶지 않습니다. 기획서가 통과되자마자 원고를 써나갑니다. 초반 유입률이 생명인 만큼 1~3화 분량을 쓰는 데 특히 공을 들입니다. 그런데 어찌 된 일인지 어느 지점부터 진행이 안 됩니다. 쓰다 보니 어디선가 본 듯한 내용이에요. 인물 간 관계도 헷갈리고 시대적 배경도 잘 안 잡힙니다. 이러다 욕만 먹고 끝나는 건 아닌가 하는 두려움에 그만 노트북을 덮습니다. 그렇게 3개월을 버티던 C는 결국 편집자를 피해 잠수를 타기로 합니다.

사례 4

D는 자전거 여행이 취미입니다. SNS 활동도 적극적이어서 팔로워만 수만 명에 이르는 인플루언서예요. 어느 날 출판사를 운영한다는 동호회 회원 모 씨로부터 출간 제안을 받습니

다. D는 글을 쓰려고 책상 앞에 앉지만, 첫 문장을 썼다가 지우고 다시 썼다 지우는 일이 반복됩니다. 이런 상태로 1년이 갑니다. 몇 차례 진행 상황을 묻던 출판 관계자도 그사이 지쳤는지 연락이 없습니다.

D는 천신만고 끝에 절반쯤 원고를 씁니다. 하지만 그다음은 어떻게 해야 할지 도통 모르겠네요. 다시 읽어 보니 뭔가 시작부터 잘못된 느낌이에요. 고심하던 차에 인터넷 서점에서 《죄송하지만 저희 출판사와는 맞지 않습니다》를 발견하고 장바구니에 담습니다.

어떤 이는 일단 시작했으나 시간이 없어서, 혹은 중간에 의욕을 잃거나 뭘 써야 할지 몰라서 원고를 마무리하지 못 합니다. 어떤 이는 아주 오래전에 결심했지만 여전히 첫 문장 앞에서 갈등해요. 경우는 다르지만 완성된 원고가 없다는 공통점이 있습니다.

책이 되려면 우선 원고가 있어야 합니다. 그러려면 마지막 문장까지 써내야 해요. 그리고 그 내용이 사람들이 흥미를 끌 만한 것이어야 합니다. 여기에는 시간과 노력, 그리고 약간의 기술이 필요합니다.

첫 문장 쓰기

"시작이 반"이라는 말이 있습니다. 책쓰기도 그렇습니다. 마음먹기가 어렵지, 일단 시작하면 우여곡절은 있겠지만 어떻게든 진행이 됩니다. 그래서 출발선에 서는 것이 중요합니다. 너무나 어렵고 힘든 첫 문장 쓰기, 어떻게 쉽게 시작할 수 있을까요? 다음 방법을 참고하세요.

자신을 속이자

'출판되는 책쓰기'를 시작할 때 우리는 여러 악당을 만나게 됩니다. 맨 처음 등장하는 녀석은 '비판'입니다. 합리성이라는 탈을 쓴 그는 근엄하고 심각한 표정으로 이렇게 말해요.

- 그건 네가 할 수 있는 일이 아니야.

- 이걸 글이라고 쓴 거냐? 기본이 안 돼 있네.
- 어디선가 본 듯한 글이잖아! 창의적이지 않아.
- 그렇게 대충 하려면 차라리 시작하지 않는 게 낫지.

그는 나에 대해 속속들이 알고 있습니다. 심지어 완벽주의자라서 조그마한 실수도 용납하지 않아요. '비판'의 집중포화는 너무도 강력해서 우리는 가능성이라는 영토의 반을 잃습니다. 여기서 끝이 아닙니다. '비판'이 물러가자 '의심'이 등장합니다.

- 정말 할 수 있겠니?
- 쓰면 뭐 하나.
- 실패하면 어쩔 건데? 이런다고 누가 알아줘?

의심은 가능성의 영토 곳곳에 침투하여 내전을 유도하고 병사들의 사기를 떨어뜨립니다. 결국 우리는 첫 문장을 쓰는 대신 다음과 같은 말로 항복 문서에 서명합니다.

- 맞아, 난 안 돼.
- 내가 할 수 있는 일이 아니야. 깨끗하게 포기하자.

넘쳐흐르던 의욕은 비판과 의심의 먹잇감이 되고 가능성의 땅은 불모지로 변합니다.

그렇다면 어떻게 해야 할까요? 어떻게 첫 문장을 쓰고 '출판되는 책쓰기'의 여정을 시작할 수 있을까요? 많은 사람이 기대는 방법은 '긍정'과 '의지'입니다. 강력한 힘을 가진 것으로 기대되는 이 두 장수는 전의를 상실한 병사들에게 이렇게 독려합니다.

- 나는 할 수 있어!
- 두고 봐, 반드시 최고의 작품을 쓸 테니.
- 모든 걸 걸고서라도 반드시 해내고야 말 테다!
- 내 인생은 이 책을 쓰는 데 달렸어.

그러나 예상과 달리 전세가 역전되기는커녕 병사들이 움직일 생각조차 안 해요. 첫 문장은 여전히 나오지 않습니다. 어떻게 된 일일까요? 번역기를 돌려보면 그 이유를 알 수 있습니다.

- 나는 할 수 있어! → **못 하면 어떡하지. 실패하면 사람들이 실망할 거야.**

- 두고 봐, 반드시 최고의 작품을 쓸 테니. → **지금 써봐야 별 볼 일 없을 거니까 잘할 수 있을 때까지 기다리자.**
- 모든 걸 걸고서라도 반드시 해내고야 말 테다! → **하지만 지금은 할 일이 너무 많아. 나중에 여건이 되면 그때 하자.**
- 내 인생은 이 책을 쓰는 데 달렸어. → **이 책은 너무나도 중요해. 그러니까 함부로 시작할 일이 아니야.**

이런 전략이 통하지 않은 이유는 긍정과 의지가 오히려 비판과 의심을 키우기 때문입니다. 비판적이고 이성적인 사람일수록 '나는 할 수 있다!' 전략이 실패할 가능성이 커요. 곧바로 그럴 수 없는 이유를 생각해 내거나 실패의 결과를 예측하게 될 테니까요.

'출판되는 책쓰기'에서는 조금 다른 전략을 사용합니다. 바로 '단지'와 '그냥'입니다. 이 둘은 비판과 의심을 상대하는 데 매우 효과적입니다. '단지'와 '그냥'은 가능성을 파괴하려는 비판과 의심에게 진지하고 논리적으로 대응하는 대신 어깨를 으쓱하며 딴청을 부립니다. 이들의 전략을 볼까요?

- 그건 네가 할 수 있는 일이 아니야. → **알아. 그냥 하는 거야.**
- 이걸 글이라고 쓴 거냐? 기본이 안 돼 있네. → **노벨상 노리는 게 아**

니야. 이제 시작이라고.
- 어디선가 본 듯한 글이잖아! 창의적이지 않아. → **그냥 재미로 쓴 거야. 하늘 아래 완전 새로운 게 어디 있어?**
- 그렇게 대충 하려면 차라리 시작하지 않는 게 낫지. → **단지 하루 1시간씩 글 쓰는 것뿐이라고. 비난할 만큼 대단한 일이 아니야.**
- 맞춤법이 엉망이잖아. 기본이 안 돼 있네. → **단지 초고일 뿐이야. 틀려도 좋으니까 그냥 쓰자고. 맞춤법은 나중에 생각하자.**

비판과 의심은 상대가 자신들과 싸울 뜻이 없는 것으로 이해하고 한 걸음 뒤로 물러섭니다. 그사이 단지와 그냥은 조금씩 조금씩 그들의 진지를 점령해 나가지요. 하루, 이틀, 사흘… 시간이 흐르면서 문장은 단락이 되고 단락은 A4 수십 장 분량으로 화면을 채웁니다. 그리고 마침내 우리는 한 권의 책이 완성되는 기적을 경험합니다.

실패 없이 성공하는 경우는 없습니다. 비판과 의심은 실패를 반복하지 않기 위해 개발된 인간의 이성적 능력이지만 시도를 제한한다는 점에서 역설적으로 성공을 가로막습니다. '출판되는 책쓰기'를 하려면 비판과 의심이라는 거대한 장애물을 넘어서야 합니다. '비판적인 나', '의심하는 나'와 논쟁하지 마세요. 그들이 '글쓰기를 실천하려는 나'의 존재를 인지하는 순간 바리케이드가 쳐집니다. 이성적으로 나를 설득하는 대신 모른 척하고 가볍게 한 발 내딛는 것이 중요합니다. '단지'와 '그냥'을 사용하세요. 첫 문장은 자기를 속이는 데서 시작합니다.

지치지 않고 쓰기

글에는 자기 동력이 있습니다. 첫 문장을 쓰면 다음 문장, 그다음 문장이 훨씬 쉬워요. 몰입하면 하루에 단편 소설 한 편 분량도 나옵니다. 물론 이건 '컨디션이 좋을 때' 이야기입니다. 글쓰기는 날씨와도 같아서 어떤 날은 매우 쾌청했다가, 또 어떤 날은 온종일 비가 와요. 하루에 A4 반 장 채우기도 힘들 때가 많습니다. 머릿속은 갖은 생각들로 어지럽고 문장은 자꾸 엉키고, 내가 지금 무슨 말을 쓰고 있는지 멍하기만 합니다. 그래서 지치지 않고 계속 쓰려면 특별한 노력이 필요해요. 다음을 참고하세요.

말을 줄이자

'말'은 휘발성이 강합니다. 생각을 오랫동안 잡아두지 못해요. 점심 먹으며 동료에게 지난밤에 떠오른 아이디어를 털어놓는 순간, 그것은 기다렸다는 듯 날개를 파닥거리며 저 멀리 기억 저편으로 날아가 버립니다. 다시는 돌아오지 않아요. 퇴근 무렵엔 그것이 내 안에 둥지를 틀고 있었다는 사실조차 잊게 되지요. '출판되는 책쓰기'를 하려면 아이디어를 말로 흘려보내는 일을 경계해야 합니다.

좋은 생각이 떠올랐을 때 참지 못하고 남에게 털어놓는 사람들에게는 자신을 잘 믿지 못한다는 공통점이 있습니다. '이건 내가 처음으로 한 생각이야. 그러니까 누군가 이런 아이디어를 책으로 냈다고 해도 원조는 나야.' 이렇게 자위하거나, '이 생각이 맞나? 정말 그럴싸한 아이디어인지 확인이 필요해' 하면서 타인의 검증을 요구합니다. 여기에는 아이디어를 실행할 수 없으리라는 두려움이 깔려 있어요. 새로운 시도를 눈치챈 내 안의 감시자가 비판과 의심이라는 암살자를 투입한 결과입니다.

그렇다면 어떻게 해야 할까요? 간단합니다. 말로 풀어내는 대신 글로 쓰는 것입니다. 물론 여기에도 비판과 의심이 작동할 가능성이 커요. 그래서 아이디어 단계에서는 특별한 형식 없이 생각나는 대로 자유롭게 적어나가는 것이 중요합니다. 무지 공책에 아무 말이나 시작해 보세요. '이게 뭐 하는 짓인가', '한심하군. 애들도 아니고 낙서라니' 하는 생각이 떠오르면 그 생각까지 가감 없이 그대로 적습니다.

글이 생각을 낳고 이것이 다시 글이 되는, 글쓰기-생각하기-글쓰기-생각하기의 연쇄 반응은 '출판되는 책쓰기'의 기본 메커니즘입니다. 그렇게 해서 글로 남은 '아무 말 대잔치'는 금광석과도 같아요. 정제 과정을 거치면 아름다운 보석이 됩니다.

아이의 자전거를 밀다가, 친구와의 술자리에서, 여행 짐을 싸다가 문득 떠오른 아이디어는 불쑥 찾아온 손님이 아닙니다. 오랫동안 내 안에 숨어 있던 가능성입니다. 이 절호의 기회를 무의미한 말로 날려 보낼 수는 없어요. 즉시 메모가 어렵다면 그날 저녁 혹은 다음 날 아침에 쓰세요. 하루하루 적어나가는 '아무 말 대잔치 수첩'은 우리가 기어코 만들어낼 작품의 재료가 됩니다.

미국의 극작가이자 영화감독인 줄리아 캐머런Julia B. Cameron은 자신의 책《아티스트 웨이》에서 '모닝 페이지' 쓰기를 권합니다. 매일 아침 A4 세 장 분량의 자유 글쓰기를 하는 거예요. 이를 통해 자신이 잠재 능력을 확인하고 인생의 전환점을 맞는 기적을 경험할 수 있다고 해요. 저도 이분의 제안에 많은 도움을 받았습니다. '출판되는 책쓰기'라는 아이디어를 바로 이 '모닝 페이지'에서 얻었으니까요.

쓰는 분량에 얽매일 필요는 없습니다. 매일 내가 쓸 수 있는 만큼, 쓰고 싶은 글을 쓰는 것이 핵심입니다. 타인은 물론 글을 쓰는 순간의 자신조차 의식하지 않는 것이 중요합니다. 이런 글은 오로지 자기만 볼 수 있어야 합니다. 보안은 필수겠죠. 가족도 예외는 아니에요.

이렇게 매일매일 자유 글쓰기를 하다 보면 나도 모르는 사이에 필력이 늡니다. 또한 아이디어를 검증하는 데 에너지를 쏟는 대신 아이디어를 생산하는 데 집중할 수 있어요. 생각을 언어화하는 습관을 만들면 무엇을 써야 할지 막막하거나 글을 쓰는 도중에 막혔을 때, 그 고착의 순간에서 쉽게 빠져나올 수 있습니다.

습관적으로 쓰자

글쓰기에 관한 흔한 신화 중 '일필휘지', 즉 한 방에 끝내기가 있습니다. 하룻밤 만에 탄생시킨 위대한 걸작! 글 쓰는 사람들의 꿈이에요. 우리도 그럴 수 있습니다. 다만 그 전에 습관을 들여야 해요. 한 번도 글을 써본 적 없는 사람이 갑자기 밤새워 글을 쓸 리는 없습니다. 아마도 그는 영감에 사로잡히기

전 무수히 많은 시간을 글쓰기에 쏟았을 거예요.

습관이 중요합니다. 매일 정해진 분량을 쓰되 자신이 할 수 있는 양보다 적게 잡으세요. 글쓰기가 '오늘도 겨우 이 정도 양밖에 못 쓰다니' 하면서 자신에게 실망하는 경험이 되어서는 안 됩니다. 힘들게 그 시간을 견디는 대신 목표량을 줄이세요. 저는 '매일 다섯 줄'부터 시작했습니다. 무슨 일이 있어도 하루에 다섯 줄은 쓴다. 어렵지 않죠? 장소와 시간에 구애받지 않아도 됩니다. 점심 식사 후 휴식 시간에 씁니다. 화장실에서 혹은 마트 계산대에서 기다리는 동안 써요. 이렇게 습관을 붙이다 보면 글쓰기에 대한 부담이 줄어듭니다. 틈이 생기면 '뭐라도' 쓰게 돼요.

하루 다섯 줄은 곧 하루 일곱 줄이 되고 열 줄이 됩니다. 때로 A4 한 장을 훌쩍 뛰어넘어요. 그렇게 자투리 같은 글이 모여 태산 같은 책이 됩니다. '가늘고 긴 글쓰기'의 힘이에요.

평가는 다 쓰고 나서 하자

한 달째 원고를 쓰고 있는 A는 오늘 아침부터 기분이 좋지 않습니다. 어제 지금까지 쓴 글을 쭉 훑어보았는데 별로예요. 영 맘에 안 듭니다. 책이 될 수 있을지 의심스럽습니다. 누가 이런 책을 사 볼까? 그냥 유튜브 보는 게 낫지. 다시 보니 아이템 자체가 별로고 글도 재미가 없습니다. A는 지금껏 헛고생한 것 같아 마음이 무겁습니다. 역시 난 글재주가 없어. 그동안 베스트셀러 작가라도 된 양 들떠왔던 자신이 부끄럽고 한심합니다. A는 이 원고를 끝까지 쓸 수 있을까요?

글쓰기에도 평가는 필요합니다. 그러나 순서가 있어요. 반드시 글을 모두 쓴 후에 해야 해요. 다 쓰지도 않은 글을 비판하는 일은 만나보지도 않은 사람을 평가하는 것만큼이나 무의미합니다. 쓰는 순간만큼은 거기에 집중하세요. 평가하고 싶은 욕구를 잠재우세요. 나중에, 원고를 마무리한 후에 충분히 그럴 시간이 있습니다. 그러므로 우리는 A에게 이렇게 말해야 합니다. "됐고. 일단 써!"

막혔을 때는 돌아가자

글을 쓰다 보면 더는 진행이 안 될 때가 있습니다. 컨디션이 안 좋거나, 회의감이 찾아오거나, 급한 일이 생겨서 한동안 글을 못 쓰다가 다시 자리에 앉았을 때가 그래요. 감을 잃을 때도 있습니다. 쓰긴 쓰는데 도무지 재미가 없고 지지부진해요. 그럴 때는 휴식과 전환이 필요합니다.

'휴식'은 말 그대로 쉬는 겁니다. 목표량을 줄입니다. 하루 다섯 줄만 쓰고 남은 시간엔 평소 하고 싶었던 일을 하고요.

친구들을 만나고 재미있는 게임을 하거나 영화를 봐요. 여기서 포인트는 '그럼에도 매일 글쓰기는 쉬지 않는다'는 점입니다. 습관을 유지하기 위한 재충전이 목적이니까요.

'전환'은 지금 쓰고 있는 주제와 다른 글을 쓰는 것입니다. 한 번도 써본 적 없는 시나 수필을 쓰고 소설을 써요. 독후감, 영화평, 동화도 좋습니다. 생소한 글쓰기가 포인트입니다. 누군가에게 보여줄 일도 없으니 그냥 씁니다. 물론 이때도 쓰던 원고는 매일 다섯 줄씩 꼭 써야 합니다. 남는 시간에 다른 장르의 글을 쓰는 거예요. 그러다 보면 원래 쓰던 원고로 돌아오기가 훨씬 수월해질 겁니다.

버티기가 능사는 아닙니다. 글쓰기에도 융통성이 필요합니다. 왜 막혔는지 원인을 파악하려 하지 마세요. 돌아가면 장애물은 사라집니다.

조언은 다 쓰고 나서 듣자

글을 쓰다 보면 자아도취의 순간이 찾아옵니다. '오! 정녕 내가 쓴 글이 맞아?' '세상에 없던 글을 써버렸네!' 그러고 나면 곧 절망감이 찾아들죠. '쓰레기가 따로 없군.' '이건 버려야 해.' 하루에도 몇 번씩 롤러코스터를 타요. 정신이 혼미해져 현실 감각을 상실합니다. 그럴 때 우리가 자주 하는 실수는 채 끝내지도 않은 원고를 타인에게 보여주는 일입니다. "어때, 정말 멋지지 않아?" 혹은 "이런 걸 써도 괜찮을까?" 그러나 돌아오는 대답은 대략 이렇습니다. "이건 이렇게 고쳐야 할 거 같아." "이 부분은 필요 없어 보이는데?" 우리는 곧 시무룩해진 얼굴로 계속 써야 할지 고민에 빠집니다.

쓰던 글을 타인에게 보여주는 이유는 간단합니다. 응원과 칭찬을 받고 싶어서예요. 그러나 이런 시도는 대부분 성공하지 못해요. 인간에게는 '지적 본능'이 있습니다. 우리는 늘 문제에 주목해요. 긍정적인 면보다 부정적인 면을 먼저 봅니다. 신문 방송을 채우는 뉴스는 대부분 사건, 재난, 범죄, 비관적 전망 등입니다. 긍정적인 뉴스는 별로 없어요. 있어도 잘 기억 못 합니다. 이유는 간단합니다. 결함에 주목함으로써 잠재적 위험 요소를 제거하고 안전한 미래를 확보하려는 본능 때문이에요. 아마도 내 글의 결함을 지적한 그 사람은 나름대로 친구를 위해 할 일을 했다고 생각할 겁니다. 상처를 주리라고는 상상 못 할 거예요.

타인의 지적은 가까스로 봉인한 내 안의 비판과 의심을 되살립니다. 내 글이 아니라 나라는 존재 자체가 결함투성이처럼 느껴지고요. 결국 우리는 몇 차례 수정을 시도하다가 고개를 절레절레 흔들며 키보드에서 손을 내려놓습니다. 3분의 1

쯤, 혹은 절반쯤 쓴 원고를 쉽게 찾을 수 없는 폴더 안에 숨겨 놓지요. 결코 이런 일이 생겨서는 안 됩니다.

타인의 의견을 곧이곧대로 받아들일 필요는 없습니다. 한 사람의 의견이 내 원고가 문제투성이라는 점을 입증하지는 않아요. 사람마다 보는 눈이 다르기 때문입니다. '문제점'에 집착하면 우리는 너무도 당연한 이 사실을 쉽게 잊습니다.

물론 수정 작업은 중요합니다. 세상에 완벽한 초고는 없으니까요. 반드시 퇴고를 거쳐야 합니다. 그러나 쓰다 만 원고는 고칠 수 없습니다. 무슨 일이 있어도 마지막 문장을 적어 넣어야 해요. 그때까지는 외롭더라도 묵묵히, 끝까지 홀로 가야 합니다.

자신을 응원하자

'나는 할 수 있다'는 우리가 자주 쓰는 응원의 문장입니다. 위기의 순간 자신을 일으켜 세우는 데 큰 도움을 줘요. 그러나 '나는 할 수 있다'는 말은 절반만 진실입니다. 이 말이 온전한 진실이 되려면 '나는 할 수 있다' 다음에 '하지만 실패할 수도 있다'라는 문장이 이어져야 합니다. 우리는 그 사실을 잘 알고 있습니다. 다만 실패를 떠올리면 위축될까봐, 애써 무시하는 것뿐이에요. 실패 없이 성공하는 사람은 없습니다. 누구나 적어도 한 번은 실패를 경험해요. 이 사실을 외면하면 오히려 실패의 충격이 더 커집니다. '나는 할 수 있다!'가 '나는 해도 안 된다'로 바뀝니다.

'출판되는 책쓰기'의 응원은 조금 다릅니다. 성공과 실패의 이분법에서 벗어나 과정 자체에 집중해요. '성공하면 좋겠지만 실패할 수도 있어. 최선을 다하면 돼. 그 자체로 의미가 있으니까' 같은 식입니다. 물질적인 보상도 줍니다. 매일 A4 한 장씩을 일주일 동안 썼다면 스스로에게 상을 줍니다. 평소 점 찍어 둔 필기도구를 사거나, 소문난 카페에 가서 맛있는 커피를 마셔요. 낡은 안경을 바꾸거나 가방을 새로 살 수도 있습니다. 개와 산책을 하면서 그동안 썼던 내용을 들려줍니다. 스스로를 칭찬하는 일도 빼놓을 수 없어요. "지난 일주일 동안 정말 수고했어. 일이 그렇게 많았는데도, 성실하게 매일매일 글을 썼잖아. 정말 대단해!" 진심에서 우러난 자화자찬은 세상에서 가장 값진 칭찬입니다. 이렇게 자신을 응원한다면 결승점에 이른 순간 '이제 모든 것이 끝났다'는 생각 대신, 결과와 상관없이 '참 즐거웠어'라고 생각하게 될 거예요. 설령 실패한다고 해도 이를 값진 경험으로 받아들이고 성공의 재료로 삼을 수 있습니다.

루틴의 재구성

시간을 확보하자

세상의 모든 변화는 시간을 소모합니다. 글을 쓰려면 시간이 필요해요. 게다가 '출판되는 책쓰기'는 장기전입니다. 시간 확보가 매우 중요하지요. 그렇다면 어떻게 시간을 사용할까요?

A는 새벽 4시에 일어나 2시간씩 글을 쓰고 출근합니다. 대신 저녁 식사를 마치고 바로 잠자리에 들어요. 올빼미형인 B는 모든 일과를 마친 저녁 11시에서 새벽 1시까지 글을 씁니다. C는 아이들이 학교에 가 있는 동안인 오전 10시부터 정오까지 글을 씁니다. 이들의 공통점은 무엇일까요? 쓰는 시간대는 다르지만 모두 최소 2시간씩은 자리에 앉아 있다는 점입니다. 다만, 이들이 실제로 글을 쓰는 시간은 1시간 내외입니다.

자리에 앉는 순간부터 줄줄 글이 써지는 경우는 많지 않아요. 일단 메일 체크를 합니다. 메신저도 확인하지요. 그날의 뉴스를 보고, 자주 가는 커뮤니티의 인기 글도 읽어봅니다. 30분이 금세 지나가요. 이때부터 마음이 초조해집니다. 워드 프로세서를 열고 멍하니 모니터를 들여다봅니다. 아무 생각이 안 나네요. 그렇게 1시간을 앉아 있다가 겨우 다섯 줄의 문장을 적고 나서 노트북을 닫습니다. 운 좋은 날은 1시간 30분을 줄기차게 써서 A4 두 장을 쓰지만 어떤 날은 대여섯 줄을 쓰고 마칩니다. 안심하세요. 다들 그럽니다. 제 경우를 돌아보면 평균적으로 A4 반 장에서 한 장 정도 쓸 수 있었던 것 같아요.

　아침이든 점심이든 저녁이든, 혹은 새벽이든 글 쓰는 시간은 각자 상황에 맞게 잡으면 됩니다. 저마다 글이 잘 써지는 시간대가 있어요. 개인 취향입니다. 중요한 건 최소한 1시간 30분 이상은 확보해야 한다는 거예요. 30분은 워밍업하는 시간으로 할당하고 실제로 글을 쓰는 시간이 1시간 이상은 되어야 합니다. 물론 3시간, 4시간이면 더욱 좋습니다. 다만 의욕이 과해서 초반에 지치지 않도록 해야 해요. '출판되는 책쓰기'는 단거리 달리기가 아닌 마라톤이라는 점을 명심해야 합니다.

평일에 시간을 마련하기 어렵다면 주말에 몰아서 쓸 수도 있습니다. 그런데 이 역시 쉽게 지치는 원인이 돼요. 전문적으로 글을 쓰는 분들도 주말에는 쉽니다. 매일 A4 한 장이면 월-금 5일간 1만 자에 이릅니다. 석 달이면 책 한 권 분량이 돼요. 초고 수정 시간을 감안하더라도 1년에 책 두세 권을 쓸 수 있는 속도입니다.

결론은 언제든 편한 시간에 쓰되 최초 1시간 30분은 확보하고 매일 A4 한 장씩 쓰자, 그리고 일요일은 쉬자, 그 정도면 충분하다, 입니다.

공간을 확보하자

글을 쓸 만한 장소는 어차피 정해져 있습니다. 집이나 카페, 사무실, 도서관 등이에요. 저는 주로 타이핑이 가능한 스터디 카페나 공공 도서관을 이용합니다. 식탁이나 거실 소파에서도 작업을 해 보았지만 능률이 떨어졌습니다. 머릿속에 '집은 쉬는 곳'이라는 생각이 강하게 박혀 있어서였던 것 같아요. 글을 쓰는 장소는 너무 불편해서도 너무 편해서도 안 됩니다. 적당한 긴장감이 흘러야 해요. 그래야 집중할 수 있습니다.

대중교통을 이용하는 분이라면 지하철이나 버스 안에서도 쓸 수 있습니다. 제 경우 1시간 정도 소요되는 출근 시간 동안 스마트폰 글쓰기 앱을 이용한 적이 있는데, 한계는 있지만 이전에 써둔 글을 읽고 일부를 수정하거나 새로 떠오른 생각을 입력하는 것은 가능했습니다.

예민한 사람들은 장소를 가립니다. 글을 쓰는 사람들도 그런 부류에 속해서 특정 장소를 고집할 때가 있어요. '나만의 공간'은 글 쓰는 사람들의 로망입니다. 그만큼 마련하기 어렵다는 뜻이기도 하죠. 그러나 이는 다른 의미에서도 로망입니다. 나만의 공간이라고 해서 꼭 글이 잘 써지는 것은 아니기 때문이에요. 개인 작업실을 가진 분도 일부러 밖으로 나갑니다. 이상하게 거기서는 글이 잘 안 써진대요.

장소를 정하는 데 에너지를 낭비하지 말아야 합니다. 마음만 먹으면 거실, 주방, 지하철, 버스, 마트 휴게실, 심지어 화장실에서도 쓸 수 있어요. 그곳이 어디든 내가 앉은 곳이 바로 '나만의 공간'이라는 마음이 중요합니다. 공간 확보의 핵심은 그곳이 어디든 '내가 여기에 있다. 나는 여기에서 글을 쓴다'는 점을 명확히 하고 의지를 다지는 것입니다.

당장 시작하자

망설임은 글쓰기의 영원한 적입니다. 정말로 하고 싶었던 일 앞에서 망설이는 이유는 딱 하나, 성공을 장담할 수 없기 때문입니다. 여기에 실패한 경험까지 있다면 그 강도는 더욱 세지겠지요.

망설임은 핑계를 양산합니다. 시간이 없어서, 피곤하니까, 단칸방이라, 내일모레가 운전면허 시험이라서, 노트북이 저 사양이라, 주변에 갈 만한 카페가 없어서, 비가 오니까, 책상 높이가 안 맞아서, 그걸 해결하지 않는 이상 난 글을 쓸 수 없을 거야….

저는 작업하려고 집을 나서다가 운동화 끈이 풀어진 걸 보고 불길한 마음에 가방을 내려놓은 적도 있습니다. 우리가 지금 당장 글을 쓰지 말아야 할 이유는 100만 가지가 넘습니다. 마찬가지로 지금 당장 써야 할 이유도 그쯤 되고요.

그렇다면 어떻게 망설임을 극복할까요? 가장 좋은 방법은 '글쓰기에 대해 생각하지 않기'입니다. 인간처럼 분석 및 예지 능력이 발달하지 않은 다른 동물들은 모든 일을 '그냥' 합니다. 생존을 위해 사냥하지만 생존에 대해 고민하지는 않아요. 우리도 글을 쓸 때 그래야 합니다. 영어식으로 표현하면 "just write it"쯤 되겠네요.

고대부터 철학자들은 옳은 것(善)이란 무엇인가? 옳다면 왜 옳은가? 인간은 왜 그런 올바른 일을 해야 하는가? 하는 질문에 답을 찾으려 노력했습니다. 논쟁이 벌어지고 의견이

분분했어요. 이때 혜성처럼 등장한 이마누엘 칸트가 말합니다. 옳은 데는 이유가 없다. 원래 그런 것이다. 인간은 그냥 거기에 따라야 한다. 바로 '정언명령'입니다. 묻지도 따지지도 말고 그냥 하라는 얘깁니다.

글쓰기도 그렇습니다. 좋은 글, 훌륭한 글을 쓰기 위한 노력을 폄하하려는 게 아닙니다. 좋은 글을 쓰려면 고민이 필요해요. 그러나 그 고민의 지점은 '지금 내가 쓰려는 글의 형식과 내용'이어야 합니다. '글을 쓰려는 나 자신'이나 '내가 쓰려는 글의 운명' 따위에서는 안 됩니다. 첫 문장이 나오지 않는다면, 도무지 어떻게 해야 좋은 글을 쓸 수 있을지 모르겠다면 칸트의 말에 귀 기울일 필요가 있습니다.

글쓰기 학원이라도 다녀야 할까

책을 쓰려 결심하면 가장 먼저 찾아오는 감정은 설렘입니다. 출판된 책을 상상하는 것만으로도 마음이 부풀어요. 그러나 기대와 희망의 순간은 오래가지 않습니다. 애석하게도 반나절쯤 지나면 정확히 같은 자리에 막막함이 들어섭니다. 사막 한가운데에 홀로 남겨진 기분이지요. 뭘 어떻게 해야 할지, 뭐가 우선인지 모르겠어요. 목적지가 모호한데 나침반도 없이 사막을 걷는 기분입니다. 혼자서는 무리라는 생각이 들어요. 다행히도 호주머니 속에 램프가 있습니다. 가벼운 터치 한 번이면 지니Genie보다 강력한 조력자를 불러올 수 있어요. 지금은 SNS 시대니까요.

'책쓰기'나 '글쓰기'라는 키워드를 포털 검색창이나 소셜 미디어에 써넣으면 수많은 콘텐츠가 화면을 채웁니다. 무료 서비스도 있지만 쓸 만한 내용은 유료입니다. '집필에서 출판까지 전 과정을 책임지는' 컨설팅 업체라면 꽤 큰 돈을 수업료로 내야 하고요. 그만한 대가를 지불하고서라도 글쓰기 혹은 책쓰기를 원하는 사람들이 많다는 뜻이겠지요.

책쓰기에 도전하려는 사람에게 다른 사람의 경험 혹은 노하우는 큰 도움이 됩니다. 이 책도 그런 취지에서 쓰였고요. 다만, 이러한 도움은 글을 쓰기 전과 글을 쓰고 난 다음에만 유효합니다. 글 쓰는 동안은 누구도 도움을 줄 수 없거든요. 웨이트 트레이닝을 받을 때와 같습니다. 트레이너가 동기를 부여하고 자세를 잡아주고 강제적으로 루틴을 만들어 줄 수는 있지만 고통마저 대신하지는 못해요. 결론은 '혼자서 사막을 건너야 한다. 필요하다면 그 길을 갔던 사람들의 경험을 경청하라'입니다.

"책쓰기가 자기 학대는 아니잖아요. 가이드와 동행하는 것쯤은 괜찮지 않나요?" 이런 질문 가능합니다. 실제로 글을 첨삭하는 차원을 넘어 대신 써주다시피 하는 학원이 꽤 있어요. 그렇게 만들어진 책이 시중에 나옵니다. 그러나 여기에는 함정이 있어요. 일단 책이 나왔으니 기쁠 것 같지만 뭔가 허전합니다. 내 책인 듯 내 책 아닌 무엇이라는 생각을 지울 수가 없어요. 글쓰기와 책쓰기에서 '쓰기'가 빠졌으니 그 책이 온전히 자신의 것일 리 없습니다. 작가라는 타이틀과 아무튼 출간이 목적이라면 대필 작가를 구하는 편이 낫습니다.

다시 한번 강조하지만 글을 쓰는 동안에는 도움을 받을 수 없습니다. 이의를 제기하고 싶나요? 칸트라면 "따지지 말자. 원래 그래"라고 말하겠지만, 저는 표현을 조금 순화해서 그게 바로 "글쓰기의 매력"이라고 말씀드리고 싶습니다.

인공지능 활용하기

최근 책의 주제를 잡을 때, 차례를 만들 때 인공지능(AI)을 활용하는 경우가 많습니다. 무얼 써야 할지 모를 때 인공지능에게 물어보면 맞춤형 답변을 얻을 수 있으니까요. 저도 챗GPT가 세상에 공개된 지 얼마 되지 않았을 무렵 호기심에 몇 가지 질문을 던졌다가 깜짝 놀란 적이 있습니다. 이렇게까지?

지금도 책쓰기와 관련하여 꽤 유용한 도움을 받습니다. 이를테면 "이런 주제로 책을 쓰고 싶은데 네 생각은 어때?" "차례를 이렇게 잡았는데 한번 봐줘" 하고 요청하면 성실하게 의견을 줘요.

인공지능은 사람과 달라서 쉼 없이 성능이 좋아질 테니 앞으로 글쓰기 분야에서 꽤 활약하겠다 싶었습니다. 하지만 사람보다 낫다는 생각은 들지 않았어요. 인공지능이 작성한 문장 특유의 '노멀함' 때문이었습니다. 인공지능의 글은 수집한 데이터에 기반합니다. 그래서 글에 감정과 사유가 담겼다기보다는 자주 언급되고 '좋아요'를 많이 받은 글을 모방하는 느낌이에요. 한마디로 개성이 없습니다. 아직은 그렇습니다.

요즘 출판사에는 컨설팅 업체나 인공지능이 상당 부분 개입한 원고가 많이 들어온다고 합니다. 정보성이 강한 글일수록 그런 현상이 많다고 하네요. 그러나 특별히 시장성 있는 원고를 제외하고는 편집자의 선택을 받지 못한다고 합니다. 글이 밋밋하고 재미가 없으며, 어디서 본 듯한 원고이기 때문이에요. 또 그런 투고 원고들은 대개 한 형제처럼 비슷한 주제와 전개를 가졌다고 합니다. 심지어 이메일 형식까지도요.

그래도 대세는 인공지능이 아니겠느냐고 말할 수 있습니다. 저 역시 사회의 다른 여러 분야와 마찬가지로 출판 시장도 인공지능이 크게 바꾸어 놓으리라 예상합니다. 하지만 먼 미래에도 사막을 횡단하는 글쓰기는 빛을 발할 거로 생각해요. 비유하자면 규격화된 프랜차이즈 커피가 시장을 장악해도, 바리스타의 세심한 손길을 거친 개성 있는 맛이 여전히 사랑받듯이 말입니다.

좋은 책에는 글쓴이의 사유와 감성이 고스란히 담깁니다. 우리가 지향하는 책쓰기는 아무튼 책쓰기가 아닌 좋은 책쓰기입니다. 쓰는 사람에게도 좋고 읽는 사람에게도 좋은 책. 그 길을 가는 데 인공지능이 꽤 좋은 도구가 될 수 있습니다. 우리가 운전대를 넘기지만 않는다면요.

웹소설 작가 무연 씨의 경우

소설은 글쓰기 중에서도 난도가 높은 편입니다. 한 장면 안에 서술, 묘사, 대화 등 다양한 형식의 문장이 동원됩니다. 인물마다 화법이 구분되고 심리 상태에 따라 톤이 달라집니다. 묘사와 서술은 인칭의 제한을 받아요. 전지적 작가 시점에서는 독자에게 사건 전개가 훤히 보이지만 일인칭 화자 시점에서는 그러지 못하는 경우가 생깁니다. 장편 소설이라면 여기에 구조가 더해집니다. 사건이 시작되고 마무리될 때까지 시간적·공간적 일관성을 유지해야 해요.

무연 씨는 웹소설을 씁니다. 여기에는 다양한 인물이 등장합니다. 전개도 빨라서 쉴 틈 없이 사건이 펼쳐지지요. 장르 특성상 지루할 틈이 없어야 합니다. 길게는 100화 이상 이어지는 동안 작가는 인물의 성격, 인물 간 관계, 시대적·장소적 배경, 주요 사건, 세계관 등을 기억하고 있어야 해요. 무연 씨는 그동안 이를 별도의 파일로 정리해 왔어요. 그러다 《죄송하지만 저희 출판사와는 맞지 않습니다》를 읽고 나서부터는 스크리브너라는 프로그램을 씁니다.

다양한 요소를 통제해야 하는 긴 글쓰기에는 통합적 관리가 중요합니다. 이 책에 소개된 스크리브너 툴은 이를 훌륭히 해낼 수 있어요. 도표로 정리한 인물 관계도를 보면서 글을 쓰고, 눈 덮인 벌판 사진을 보면서 설중 전투 장면을 묘사할 수 있습니다. 1화 분량을 그래프로 표시해 주어 넘치거나 부족하지 않게끔 도와주고, 환생한 사실을 까먹지 않도록 지난 사건을 일목요연하게 정리해 줍니다.

구조화가 필요한 긴 글을 쓰고 있다면 전체를 보면서 부분을 완성해 나가는 방식이 필요합니다.

초심 유지를 위한 질문 몇 가지

지금 이 순간에도 글을 쓰기 위해 책상 앞에 앉은 분들이 있습니다. 아니면 난생처음 글이라는 걸 써보려고 용기를 낸 분도 있을 거예요. 앞서도 말씀드렸지만 글쓰기는 오롯이 혼자 감당해야 하는 작업입니다. 시작하기도 어렵지만 유지하기도 보통 힘든 게 아닙니다. 그래서 흔들릴 때마다 마음을 다 잡아야 합니다.

다음 네 가지 질문에 답해 보세요. 그리고 원고를 작성하는 동안 눈에 잘 뜨이는 곳에 붙이거나 스마트폰에 저장해서 틈틈이 읽어보세요. 글을 쓰다가 막히거나 잘 안 풀릴 때 도움이 될 거예요.

- 나는 글쓰기를 즐기는가?

- 내 글을 기꺼이 타인과 공유하고 싶은가?
- 내가 이 글을 쓰는 목적은 무엇인가?
- 내가 이 글을 통해 사람들에게 하고 싶은 말은 무엇인가?

이제 준비가 되었습니다. 이어지는 과정을 잘 따라가세요. 분명한 목표와 의지로 마지막 페이지까지 모두 마친다면 당신은 이미 작가입니다.

1부

콘텐츠 확보하기

글 재료와 주제 찾기

무엇을 쓸 것인가?
책쓰기를 준비할 때 가장 먼저 마주하는 문제입니다. 이미 쓸 주제를 정했다면 이 단계는 건너뛰어도 좋습니다. 하지만 마음은 먹었는데 뭘 해야 할지 막막한 분들이라면 다음과 같이 글감을 찾아보세요.

경험

당신에겐 인생 경험이 있습니다. 그 누구와도 다른 삶을 살아왔어요. 이러한 경험은 책의 중요한 재료입니다.

최근 러닝을 시작한 사람이라면 '나의 초보 달리기'라는 책을 쓸 수 있습니다. 초심자의 현재 진행형 경험은 러닝 전문가의 조언과는 다른 친밀감과 현장감을 줄 수 있을 거예요. 자기만의 독특한 러닝 경험, 달라진 일상, 능숙한 러너들을 보며 느낀 점, 부상 경험, 러닝에 대한 기대와 지금의 감상 등을 포함할 수 있습니다. 자신에게 맞는 러닝화 고르는 법, 러닝크루와 함께 달릴 때 좋은 점, 그들과의 인터뷰를 실을 수도 있어요. 특별하지 않아도 좋습니다. 남들과 비슷한 경험은 공감대를 불러일으킬 수 있어요. 중요한 것은 그 경험을 바라보는 지금 나의 시선입니다.

등산은 대중적인 여가 활동입니다. 관련 책도 많아요. 보통은 건강의 관점, 힐링의 관점에서 등산을 생각합니다. 만약 '명상'의 관점에서 등산 경험을 쓴다면 어떨까요? 혼자 산행하기의 장점, 혼자 가도 좋을 안전한 코스, 등반 호흡법, 오감을 여는 등산법 등을 쓴다면 독자의 관심을 끌 가능성이 큽니다. 사진과 함께 짧은 명상 글을 실을 수도 있겠죠.

지금 여러분이 일상적으로 하는 일에 대해 생각하세요. 경험을 골자로 하되 여기에 부수 콘텐츠를 더해 호기심을 불러일으키고 유익한 정보를 담아낼 수 있습니다. 정보 위주라면 실용서나 자기계발서 성격이 강해집니다. 글맛을 살려서 자기 느낌과 생각을 사진과 함께 쓴다면 훌륭한 에세이 문학 작품이 될 수도 있습니다.

노하우

일을 오래 하다 보면 노하우가 생깁니다. 이를 다른 사람들과 나눌 수 있어요.

아이를 키우면서 느낀 점, 시행착오, 자기만의 육아법 등을 책으로 쓸 수 있습니다. 우리 집만의 건강 식단이 있다면 재료 선정, 조리 과정 등을 사진과 함께 실을 수 있어요. 유명인도 아닌 내 글에 누가 관심을 둘까 싶겠지만 틈새는 있습니다. 육아, 살림, 건강 등은 출판 시장에서 수요가 많은 분야입니다. 아이디어만 좋다면 언제든 책이 될 수 있어요. 시장이 큰 만큼 출판사는 늘 새로운 원고를 찾습니다.

직장 생활에서 얻은 전문 지식도 책의 좋은 재료입니다. 재무, 회계, 기획, 인사, 마케팅 등 자신이 일해온 부서에서 습득한 노하우를 정리해 보세요. IT, 건축, 의료, 환경, 복지, 보육 등 자기 분야의 현황과 운영 실제 등을 주제로 책을 쓸 수 있습니다. 이때 기획안-보고서-평가서-각종 데이터 등 다양한 자료들을 활용하세요. 책의 내용이 풍부해지고 신뢰도가 높아집니다.

성공담

사람들은 성공을 원합니다. 그래서 성공한 이들의 경험, 노하우를 알고 싶어 해요. 서점에 가면 자수성가한 사업가, 사교육 없이 원하는 대학에 진학한 학생, 혹은 그 대학생을 도운 부모, 주식으로 대박 난 직장인, 불황기 창업 성공담 등을 쉽게 접할 수 있습니다. 당신의 성공담도 마찬가지입니다. 사람들은 당신이 어떻게 성공할 수 있었는지 알고 싶어 해요.

내가 가진 크고 작은 성공을 떠올려 보세요. 성공은 돈만을 의미하지 않습니다. 한 달 만에 체지방을 확 줄일 수 있었던 비결, 반려견과의 불화를 극복한 사연, 나만의 암기법을 통한 성적 상승 노하우, 헤어진 연인과 다시 만나 사랑을 이어간 이야기, 사춘기 자녀들과의 대화 경험 등도 충분히 독자의 관심을 끌 수 있습니다. 책으로 쓸 만한 가치가 있어요.

단, 성공한 이야기만으로는 책이 되지 않아요. 반드시 실패담이 있어야 합니다.

책 속의 실패는 성공을 더욱 드라마틱하게 빛내줍니다. 잘 쓴 성공담의 상당 부분은 실패담이에요. 성공담을 읽는 사람들의 마음속에는 지금의 실패를 딛고 일어서서 꼭 성공하겠다는 희망과 바람이 있습니다. 우리가 성공에 열광하는 이유는 어쩌면 많은 실패를 경험하고 있기 때문인지도 몰라요.

오늘 여러분을 성공으로 이끈 것은 과거의 실패입니다. 실패했을 때 어떤 상황이었는지, 어떤 기분이었는지, 그로 인해 나는 어떻게 변했는지 생각해 보세요. 책이 될 만큼 길게 쓸 수 있을지 걱정이라고요? 내용만 괜찮다면 분량은 그다음 문제입니다. MS워드 기준으로 4만 자, A4 20~25장 정도면 일반적인 책 100쪽 정도 분량입니다. 여기에 사진이나 관련 자료 등을 보태고 크기(판형)를 조정하면 얇은 책 한 권으로 묶일 수 있어요. 요즘은 책이 점점 가벼워지는 추세랍니다. 책은 콘텐츠입니다. 일단 쓰세요.

평소 하고 싶었던 말

'주장하는 글'은 에세이 등에 비추어봤을 때 시장이 크지는 않지만 이슈가 될 만하다면, 즉 사람들이 관심을 가질 만한 주제나 분야, 견해라면 출판될 가능성이 큽니다. 인권, 정의, 젠더, 환경, 교육, 동물 보호 등은 인문·사회 분야 독자들이 꾸준히 찾는 주제들입니다. 평소 깊이 고민해왔던 문제가 있다면 책으로 써보세요. SNS 등에 사회적 관심사에 자기 의견을 밝히는 글을 자주 써왔다면 이를 묶어서 책으로 낼 수도 있습니다.

다만 출간 가능성을 높이려면 설득의 논리가 있어야 합니다. 나의 주장이 왜 옳은지, 그것을 왜 해야 하는지 설득할 수 있어야 해요. 독자들은 교조적인 훈화 말씀을 듣기 위해 책을 사지 않습니다. 당위의 나열보다는 자기 성찰과 깊이 있는 사유가 독자를 움직입니다. 진지함 속에 유머나 위트가 있다면 독자들, 그리고 첫 독자인 편집자의 선택을 받을 가능성이 더 커지겠지요. 자기 생각을 책으로 잘 전달하려면 감성의 문을 두드려야 해요. 객관적 사실과 함께 '나'라는 사람의 진심이 더해져야 합니다.

책이 될 만한 주제는 찾았나요? 딱히 잡히는 게 없다면 컴퓨터를 열고 예전에 써둔 글들을 살펴보세요. 어쩌면 여러분은 이미 괜찮은 원고를 갖고 있을지도 몰라요. 등잔 밑이 어둡다는 말처럼 이미 내가 가진 훌륭한 자산을 보지 못하고 지나칠 수도 있습니다.

보고서·제안서·기획서

이런 글들은 특정 주제에 관한 지식과 판단을 담고 있습니다. 재가공해서 원고에 담거나, 부록 혹은 참고 문헌으로 쓸 수도 있습니다. 최소한 새로운 원고를 쓰는 데 영감을 줄 수 있으니 꼭 살펴보세요.

논문·강의 노트

논문이나 강의 노트는 완성도가 높은 자원입니다. 다만 내용이 전문적이고 이해가 어려워서 책으로 묶였을 때 많은 판매를 기대하기는 어렵습니다. 대중적인 단행본 편집자라면 출간을 망설일 수밖에 없어요. 논문·강의 노트를 1차 재료로 활용해서 좀 더 쉽고 간단하게 수정해 보세요. 방법은 다음과 같아요.

1-가-1)-가) 식의 계층적 구성으로 되어 있다면 이를 손봅니다. 전체 내용을 몇 개의 범주로 나누고 그 안에서 이야기가 서로 이어지도록 재구성해 보세요. 연구 방법론이나 참고 문헌 등은 과감히 삭제합니다. 각주가 들어간 글은 어렵습니다. 설명 내용을 본문화하여 처리하고 그러기 어렵다면 미주로 처리합니다.

끝으로 가장 중요한 '문장'인데요. 딱딱한 문체를 부드럽게 바꿉니다. 해당 분야를 처음 접하는 사람도 이해할 수 있도록 쉽고 친절하게 씁니다. 전문 용어를 일상어로 바꾸는 수고도 빼놓을 수 없겠네요. 이렇게 다시 쓴 원고는 출판 가능성이 더 커집니다.

일기·메모·SNS

우리에겐 매일 수시로 쓰는 글이 있습니다. 이들은 '기록된 정보'로서의 가치가 있어요. 책의 좋은 재료가 됩니다.

업무·작업 과정을 적은 메모, 그날의 감상을 적은 일기 등은 그 자체로 책이 될 수도, 쓸 만한 아이디어로 활용할 수도 있습니다. 무엇보다도 한 사람의 경험과 생각, 글과 이미지를 담은 SNS는 잠재적 책이라고 할 만큼 훌륭한 재료입니다. 페이스북에 쓴 여행기, 독후감, 맛집 후기, 영화평, 게임 리뷰 등을 책으로 엮을 수 있어요. 인스타그램에 올린 사진과 글, 카카오페이지에 쓴 육아 일기 등도 마찬가지입니다. 단, 책이 되려면 당신만의 특별함 혹은 고유함이 꼭 있어야만 합니다.

  SNS에는 허수가 많습니다. 어디선가 본 듯한 비슷비슷한 글들이 넘쳐나요. 그럼에도 출판 편집자들이 SNS에서 눈을 뗄 수 없는 이유는 새로운 필자를 발굴할 좋은 기회이기 때문이에요.

자료 조사하기

여행에는 준비가 필요합니다. 일단 목적지를 미리 알아봅니다. 지도를 보며 안전하고 효과적인 루트를 확인하고 필요한 장비들을 챙겨요. 그러면서 이번 여행이 어떻게 될지 머릿속에 그려봅니다. '출판되는 책쓰기'도 그렇습니다. 시작할 때 올바른 길로 들어서는 것이 중요해요.

책쓰기는 순행적 작업입니다. 출발을 잘해야 나중에 처음부터 뜯어고치는 수고를 덜 수 있어요. 사전 조사는 이런 위험을 줄이고 내가 쓰려는 책이 어떤 것인지 분명히 인식하도록 해 줍니다.

시장 조사

책은 상품입니다. 독자들의 선택을 받으려면 눈에 띄어야 하죠. 숨어 있을 생각은 애초에 버려야 해요. 여러분이 쓴 책이 이미 시중에 있는 책과 크게 다르지 않다면 독자들은 '또야?' 하며 지나칠 겁니다. 그저 그런 책이 되지 않으려면 내가 쓸 책이 어느 분야에 어떤 책들과 함께 놓일지 알아봐야 해요. 그들과의 차별성을 고민해야 합니다. 그러려면 인터넷 서점에서 시장이 어떻게 형성되어 있는지를 살펴야만 합니다.

분야

지금 쓰고 있는 글이 소설이라면 소설·시·희곡 분야의 '한국소설'로 분류될 것입니다. 소설은 다시 추리, 라이트노벨, 판타지, 역사, 과학, 호러, 무협 등으로 나뉘어요. 육아 일기는 육아나 교육 분야에 놓일 것이고 대인 관계에 관한 글이라면 자기계발이나 커뮤니케이션으로 분류될 것입니다. 귀농에 관한 책은 어디에서 찾을 수 있을까요? 한 인터넷 서점에서는 국내 도서-과학-농업-농업 일반 카테고리로 분류했군요.

그렇다면 각 분야의 책은 1년에 몇 권이나 나올까요? 해당 카테고리를 클릭하면 놀라운 사실을 알게 됩니다. 결과 창을 빼곡하게 채우고도 모자라 끝없이 다음 페이지로 이어져요. 세상에 이렇게 많은 책이 있었다니!

출판문화협회 자료에 따르면 2024년 한 해 출간된 책이 6만 4,306종입니다(《한국 출판생산통계》). 하루 평균 172종, 시간당 7.17종에 해당하는 수치입니다. 분야별로 보면 문학이 22%로 가장 비중이 높았습니다. 그만큼 경쟁이 치열하다는 뜻이겠지요. 그러나 경쟁이 치열하다고 내 책이 독자들을 만날 가능성이 제로라는 건 아니에요. 많은 책이 나온다는 건 그만큼 시장이 크다는 뜻이기도 하니까요. 필요한 책은 반드시 찾는 사람이 있기 마련입니다.

경쟁 도서

쓰기로 마음먹은 글이 속한 분야를 알았다면 그곳에 어떤 책들이 있는지 확인합니다. 인터넷 서점에 들어가서 키워드로 검색해요. 육아와 관련한 책이라면 '육아'로 회계 관련 책이라면 '회계'로 검색합니다. 그런 다음 그중 한 권의 책을 클릭한 후 해당 분야를 찾아 들어가세요.

정렬 방식을 판매량으로 조정하면 많이 팔린 책들을 확인할 수 있습니다. 그중에서 마음에 드는 책을 메모하세요. 치열한 경쟁 속에서 독자의 사랑을 받은 책들입니다. 배울 점이 있을 거예요.

이번에는 출간일 순서로 보겠습니다. 정렬 방식을 조정하면 최근 어떤 책들이 어떤 간격으로 나오고 있는지 확인할 수 있습니다. 신작들을 보면 트렌드를 알 수 있어요. 표지나 제목에서 끌리는 책이 있다면 역시 메모해 둡니다.

서점 메인 화면에서 직접 관련 분야로 들어갈 수도 있습니다. '분야 보기(알라딘)', '카테고리 전체 보기(인터넷 교보문고)', '빠른 분야 찾기(예스24)' 메뉴를 눌러보세요. 세부 분야 및 해당 분야의 신간, 베스트셀러, 스테디셀러를 확인할 수 있습니다.

마음에 드는 책을 찾았나요? 이제 그 책들이 얼마나 팔렸는지 짐작해 보겠습니다. 알라딘 서점과 예스24는 책 옆에 판매 지수가 표시되어 있습니다. 이는 서점별 산정 기준에 따라 상대적 판매량과 판매 추이를 알려줍니다(1포인트가 1권을 의미하지는 않아요). 대략 판매 지수가 1만~수십만 포인트 대라면 베스트셀러입니다. 수천 포인트 대라면 판매가 꾸준히 되고 있다고 생각하시면 되고요.

출간일도 보아야 합니다. 신간일 경우 일종의 가산점이 붙어서 상대적으로 포인트가 높습니다. 출간된 지 수년이 지났는데도 수천에서 수만 포인트를 유지하고 있다면 그 책은 스테디셀러입니다.

여러분이 쓰고자 하는 책의 분야를 확인하고 경쟁 도서를 알아보세요. 독자들이 원하는 책은 무엇이고 어떤 책들이 꾸준히 선택받는지 살펴보세요. 마음에 드는 책이 있다면 주문해서 직접 읽어보세요. 배울 점이 분명히 있을 겁니다. 잘 팔린다고 좋은 책은 아닙니다. 다만, 좋은 책을 쓰는 데 도움이 될 수는 있어요.

인터넷 서점에서 경쟁 도서 알아보기 알라딘 서점 기준(aladdin.co.kr)	
육아 책	**여행 책**
국내도서 > 좋은부모 > 육아	국내도서 > 여행
국내도서 > 좋은부모 > 임신/출산	**요리 책**
국내도서 > 좋은부모 > 영유아 육아	국내도서 > 가정/요리/뷰티

참고 자료 수집

책을 쓸 때 참고할 자료들을 모읍니다. 육아 관련 책을 쓴다면 아동 발달에 관한 정보, 연령별 특징, 자주 생기는 문제, 아동 심리 관련 글 등을 참고할 수 있습니다.

자전거 타기와 관련한 글이라면 자전거의 구조, 역사, 건강에 좋은 점, 동호회 현황 등을 알아볼 수 있어요. 제 경우 책에 수록된 글쓰기 프로그램의 한글화된 매뉴얼을 구해 참고했습니다.

여러분이 쓰고자 하는 글의 키워드를 생각해 보세요. 그러고 검색이나 인공지능의 도움을 받아 자료를 얻습니다. 공공도서관, 위키백과, 블로그, 언론사, 유튜브 등에서 얻은 자료를 캡처하거나 다운받아요. 텍스트라면 한글이나 워드로 변환하여 한 군데에 옮겨 붙인 후에 단일 파일로 저장합니다.

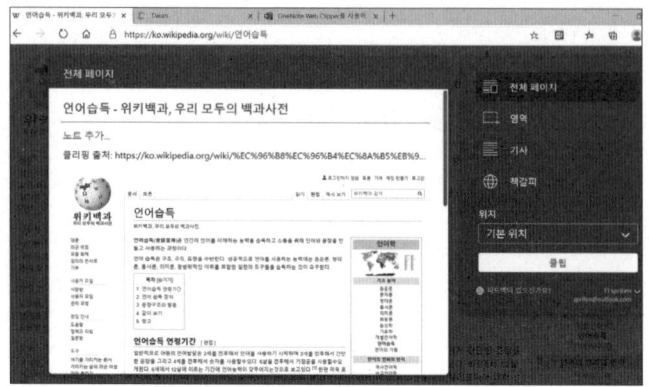

브라우저에 원노트 클리퍼(OneNote Web Clipper) 확장을 설치하면 웹페이지 내용을 가져와 편집할 수 있다.

사진이나 그림, 도표 등은 따로 폴더를 만들어 보관합니다. 이때 원노트OneNote나 에버노트Evernote 같은 프로그램을 사용하면 웹페이지 자료를 간편하게 저장할 수 있습니다.

전문적인 내용이라면 논문을 열람할 수 있는 학술연구정보서비스www.riss.kr를 이용하세요. 이런 자료들은 내가 쓸 글에 아이디어를 제공하거나 근거 자료로 쓰일 수 있습니다. 나중에 책에 참고하거나 인용할 때를 대비해서 출처를 꼼꼼하게 기록하세요.

누군가의 콘텐츠를 사용할 때는 저작권에 유의하셔야 합니다. 가끔 다른 사람의 글을 어구만 조금 수정해서 그대로 사용하는 경우가 있는데 당연히 저작권 위반입니다. 웹 상의 글도 모두 저작권이 있어요. 이런 문제로 이미 출간된 책을 수거하고 파쇄하는 경우가 종종 생깁니다. 자료는 자료로만 사용하세요.

출판사 조사

'출판되는 책쓰기'의 목표는 출판입니다. 그러나 여기가 끝은 아니에요. 최종 목적지는 독자들입니다. 우리는 나의 글이 독자들에게 전달되기를 원해요. 그러려면 책을 잘 만들어야 하고 유통과 마케팅도 잘해야 합니다. 이 부분은 출판사 몫이에요. 따라서 우리는 해당 분야에 어떤 출판사들이 어떤 책을 내고 있는지 알아보아야 합니다. 이를 토대로 원고가 완성되었을 때 어떤 출판사에 투고할 건지 미리 정해요.

출판사를 정하는 첫 번째 기준은 '꾸준히 책을 내고 있는가'입니다. 이번에도 인터넷 서점을 찾습니다. 베스트셀러나 스테디셀러 목록에서 마음에 드는 책을 고르세요. 잘 팔리는 책이 아니어도 상관없습니다. 이곳저곳 살펴보다가 정말 마

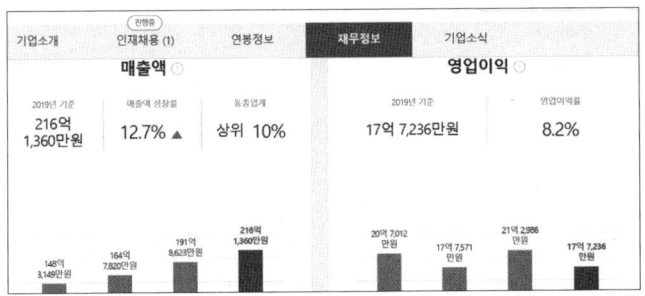

구인 구직 사이트에서 출판사의 재무 정보를 확인할 수 있다.

음에 드는 책이 있다 싶으면 그 책을 선택하세요. 클릭하면 상세 정보가 나옵니다. 그중 출판사 이름을 확인하고 클릭합니다. 해당 분야에서 그 출판사가 그동안 낸 책들이 나올 거예요.

언제부터 책을 냈는지, 최근에는 언제 책을 냈는지 확인하세요. 1년간 출간 이력이 없거나 몇 년에 걸쳐 겨우 몇 권의 책을 냈다면 피하세요. 좋은 책을 꾸준히 낸 출판사를 선택하세요. 그래야 내 책이 절판되지 않고 오랫동안 독자와 만날 수 있습니다.

출판사를 선택하는 두 번째 기준은 전문성입니다.

진입 장벽이 낮은 시장 특성상 중소 규모 출판사들이 굉장히 많아요. 그중 특정 분야에서 강점을 보이는 출판사가 있어요. 그런 곳에서 책을 내면 더 많은 독자를 만날 가능성이 생깁니다.

아이디어가 좋고 실험성이 돋보이는 출판사, 확실한 주제 의식과 메시지를 담은 책을 내는 출판사, 트랜드를 민감하게 파악하고 주도하는 출판사도 좋아요. 어떻게 아느냐고요?

판단 기준은 당연히 책입니다. 그들이 낸 책의 제목, 표지, 차례 등을 훑어보세요. 그리고 내가 쓰려는 원고를 정성껏 책으로 만들어 줄 수 있을지 가늠해 보세요. 내가 쓴 책이 그 출판사의 도서 목록에 포함된 장면을 한번 상상해 보세요. 고개가 끄덕여진다면 합격입니다.

생각 정리하기

어떤 글을 쓸지 주제를 정하고 해당 분야에서 마음에 드는 책, 인기 있는 책들을 조사했습니다. 내 책을 잘 만들고 홍보해줄 출판사를 알아보고 책을 쓸 때 도움이 될 참고 자료를 찾아서 모아두었어요.
여기까지 오면 앞으로 만들어질 책에 대한 기대감과 함께 이런저런 생각들로 머릿속이 복잡할 거예요.
이제 그 생각들을 구체화하는 작업을 해 보겠습니다.

아이디어 스케치

워드프로세서나 메모장을 열고 빈칸에 책과 관련해서 떠오르는 생각을 가감 없이 적습니다. 이때 지킬 것은 딱 하나, 머릿속에 떠오르는 대로 쓴다는 것입니다. 육아에 관한 글을 준비하고 있다면 다음과 같이 쓸 수 있겠죠.

육아에 대한 글을 쓰고 싶다. 그런데 될까? 시간도 없는데, 이게 뭐 하는 건지. 작년에 애가 다쳤을 때 어떻게 했더라. 그때 조금만 늦었어도 폐렴으로 진행될 뻔했다고 의사가 말했지. 아무래도 건강에 대한 관심이 제일 크겠지. 그걸 뼈대로 하자. 지난번에 찾아보니까 요즘은 대화법이랑 놀이 같은 거 많이 팔리던데, 우리 그때 여행 가서 참 재미있게 놀았다. 놀이 경험도 쓰면 되겠는데. 또 뭐가 있을까.
건강, 놀이, 대화, 떼쓰는 아이 다루기, 규칙 지키기, 시간이 얼마나 됐지. 아이고 핸드폰 배터리 5프로네. 충전하자.

의식의 흐름대로 씁니다. 맞춤법도 신경 쓰지 않아요. 뜬금없고 맥락 없이 그냥 씁니다. 그렇게 쓰다 보면 뭔가 특별한 생각이 나와요. 평소 의식하지 못했던 고민, 경험, 반짝이는 아이디어가 불쑥 나옵니다. 어떤 장면, 제목, 특별한 문장일 수도 있고 책 전체를 관통하는 키워드, 차례나 본문 일부일 수도 있습니다. 그게 무엇이든 가리지 말고 계속 쓰세요.

마인드맵 그리기

마인드맵은 영국의 작가이자 컨설턴트인 토니 부잔Tony Buzan이 제안한 아이디어 매핑 기법입니다. 사용해 보신 분들이 있을 거예요. 아이디어를 떠올리고 생각을 정리할 때 유용합니다. 앞의 아이디어 스케치가 문자를 통해 생각을 가시화한다면 마인드맵은 선과 색, 기호, 이미지를 통해 시각화해요. '가지치기'를 통해 사고를 전개합니다.

마인드맵은 노트에 수기로 작성할 수도 있지만 요즘은 앱을 많이 사용합니다. 노트북이나 데스크톱에서 작성할 수 있지만 터치 기반의 태블릿PC도 편합니다. 앱으로 작성한 마인드맵의 장점은 PDF나 레이아웃 파일 등 다양한 포맷으로 변환해서 쓸 수 있다는 점입니다. 노트북이나 스마트폰 등 다양한 기기와 연동도 가능해요.

마인드맵은 '보는 재미'가 있기에 글자로 정리할 때보다 풍부한 상상력을 동원할 수 있습니다. 앞서 스케치 때와 같이 자유롭게 연상하면 됩니다.

진행은 다음과 같습니다. 먼저 화면 가운데 주제어를 하나 써넣습니다. 그다음 연상의 가지치기를 통해 이와 관련해서 떠오른 낱말·구절·문장을 써넣습니다. 이 과정에서 다양한 색의 기호나 그림을 사용하기도 해요.

기획서로 문서화하기

아이디어 스케치와 마인드맵을 통해 머릿속 생각을 시각화 했습니다. 이제 이 생각들을 문서화할 거예요.

출판사에서는 책을 낼 때 기획서를 만듭니다. 여기에는 책의 주제와 성격, 분야, 차별성, 목표 독자층, 예상 판매 부수, 홍보 전략 등이 포함돼요. 이를 근거로 시장성을 따지고 마케팅 전략을 논의해요. 예비 독자들을 참여시켜 책이 출간되었을 때의 반응도 미리 알아보고요. 출판 기획서는 간단한 것부터 아주 복잡하고 세세한 것까지 종류가 다양합니다.

우리도 이런 문서를 만들 겁니다. 이유는, 그렇게 했을 때 머릿속에 든 생각이 손에 잡힐 듯 생생해지기 때문입니다. 중간에 길을 잃지 않으려면 지금 하려는 일에 대해 잘 알고 있어야 합니다. 기획서 작성은 '출판되는 책쓰기'에서 분명한 이

정표를 만드는 단계예요.

컴퓨터를 열고 다음 내용을 작성하세요.

기획서			
① 제목		② 분량	
③ 타깃 독자			
④ 주요 내용			
⑤ 목적			
⑥ 특징			

① 책 제목

책의 성격을 잘 드러내는 동시에 독자들에게 강한 인상을 주어야 합니다. 책은 제목이 반입니다. 간결하고 개성 넘치는 제목을 지어보세요. 물론 이 제목은 나중에 얼마든지 바뀔 수 있습니다. 여러 개의 아이디어가 떠오른다면 후보군을 만들고 그중 한 개를 가제(임시 제목)로 정합니다.

제목만으로 부족하다 싶을 때 부제(보충 제목)를 붙일 수도 있습니다. 앞으로 태어날 여러분의 책에 이름을 붙여주세요.

- 러닝 본능: 몸과 마음의 건강을 책임지는 달리기의 모든 것
- 국물 요리로 승부한다: 한식 마스터와 함께하는 고품격 육수 탐방
- 내 아이 성격 바꾸는 싱글벙글 동화 읽기
- 말문이 터지는 언어 놀이

② 원고 분량 정하기

출판사에서는 책의 분량을 200자 원고지 기준으로 정합니다. 정확히 매수가 일치하지 않아도 됩니다. 같은 원고 매수라도 책은 크기(판형)에 따라 분량(페이지 수) 차이가 납니다. 일단 시작하는 시점에서 목표로 삼는 분량을 쓰세요. 다음을 참고합니다.

우리가 읽는 책의 판형은 신국판(152×225mm)이 가장 흔합니다. 가로세로 길이를 조절한 변형판도 있어요. 일반적인 문서 크기인 A4는 210×297mm로 국배판에 해당합니다. 이 밖에도 다양한 판형이 있으나 여기서는 신국판으로 가정하겠습니다.

신국판 책 한 페이지에는 대략 200자 원고지 3~3.5매가 들어갑니다. 글자 수로 따지면 6,000~7,000자에 해당합니다. 또한 A4 한 장에는 200자 원고지 8~9매의 글이 들어가요. 신국판 책 페이지 수와 200자 원고 매수, 글자 수, A4 장수를 비교하면 다음과 같습니다. (글자 수에는 모두 공백 포함)

- 20만 자 ≒ A4 100~120장 ≒ 200자 원고지 1,000매 ≒ 신국판 300~350페이지
- 15만 자 ≒ A4 75~90장 ≒ 200자 원고지 750매 ≒ 신국판 250~300페이지
- 10만 자 ≒ A4 50~60장 ≒ 200자 원고지 500매 ≒ 신국판 200~250페이지

위의 환산식은 순수하게 텍스트로만 이루어졌을 경우예요. 그림과 사진, 도표 등을 포함하면 페이지는 더 늘어나

요. 요즘은 책이 얇아지는 추세라 200자 원고지 기준으로 400~500매면 충분히 한 권의 책이 만들어집니다. 앞서 조사한 관련 도서를 참고해서 목표량을 정하세요. 워드프로세서에서 원고 매수 확인 방법은 다음과 같습니다.

- MS워드: 검토 → 단어 개수 → 문자 수(공백 포함)에서 글자 수 확인 가능
- 아래아한글: 파일 → 문서 정보 → 문서 통계 → 글자 수(공백 포함), 원고지 매수 확인

③ 타깃 독자 두기

이 책을 사게 될 사람, 이 책의 독자층으로 짐작되는 사람들이 누구인지 적습니다. 연령대, 직업, 사회 계층, 성별, 필요 등을 고려하세요. 예상 독자층이 구체적이면서도 넓을수록 수요가 커질 가능성이 큽니다.

대상 없이 쓰는 글은 없습니다. 혼자 일기장에 적는 글조차 무의식적으로 독자를 상정합니다. 우리는 첫 문장을 적는 순간부터 누가 이 글을 읽을지 알고 있어요. 이와 같은 잠정적 독자는 앞으로 써나갈 글의 성격을 좌우합니다. 나이 어린 학생을 대상으로 한 취미서와 노년층을 염두에 둔 교양서라면

구성은 물론 문체부터 달라야 해요. 글을 쓰기 전에 타깃 독자층을 잡는 일은 매우 중요합니다.

여러분의 책을 누가 읽게 될까요? 여러분은 이 글을 누가 읽기 원하나요?

- 글쓰기에 관심이 많은 일반인
- 안전하고 색다른 여행 정보를 원하는 20~30대 남녀
- 코딩 교육 종사자
- 3~5세 아이를 키우는 양육자
- 건강식에 관심 있는 1인 가구

④ 주요 내용 설명

책의 특징이 잘 드러나는 부분을 중심으로 내용을 설명합니다.

- 한강 자전거 길을 계절별 최적 코스, 볼 것, 먹을 것, 쉼터 등 항목별로 소개한다.
- 아이들이 문제 행동을 일으킬 때 적절한 대처 방법 101가지를 알려준다.
- 초등학생 코딩 학습을 위해 부모가 알아야 할 사전 지식을 총망라했다.

- 귀농에 실패하는 이유와 성공 노하우를, 실제 경험담과 함께 실었다.

⑤ 이 책의 목적

책을 왜 썼는지 간략하게 요약해 적습니다. 독자 입장에서 이 책이 왜 필요한지 생각해 보세요.

- 글쓰기를 시작하려는 사람들에게 도움을 준다.
- 육아에 어려움을 겪는 초보 부모에게 정보를 제공한다.
- 현장에서 자주 쓰이는 재무 관리와 회계 원리를 알기 쉽게 설명한다.
- 입문자들을 위해 모바일 게임 개발 핵심 노하우를 정리했다.

⑥ 이 책의 특징

다른 책과 구분되는 이 책의 장점을 적습니다. 최소한 다섯 개 이상 적어보세요. 고민을 많이 할수록 좋은 아이디어가 나옵니다.

- 출판 편집 20년 경력자의 노하우가 담겨 있다.
- 아동 언어 발달 과정을 알기 쉽게 기술했다.
- 게임 개발 입문자를 위한 활용서로 기초부터 마스터까지 단계별로 설명했다.

죄송하지만 저희 출판사와는 맞지 않습니다

- 생생한 인터뷰를 통해 창업 준비 과정에서 필요한 내용을 구체적으로 알려준다.
- 반려견 건강 관리법을 사진과 함께 상세히 보여준다.

여기까지 정리한 내용을 작업 폴더 안에 '기획서'라는 이름으로 저장합니다.

예상 독자와의 가상 인터뷰

지금 쓰려는 책의 잠재적 독자를 상상하고 가상 인물로 구체화합니다. 그분과 인터뷰하면서 어떤 책을 원하는지, 그동안 읽은 책들은 어땠는지, 이번 책에 바라는 점이 무엇인지 물어보세요. 그러면 내가 쓰고 싶은 것과 상대가 읽고 싶은 것을 동시에 바라보면서 책 내용에 대해 객관적인 시각으로 고민할 수 있어요. 책은 독자와 소통해야 합니다. 글과 독자가 끊임없이 대화를 나누어야 하죠. 이 점을 기억하세요.

Q 안녕하십니까. '출판되는 책쓰기'를 구상 중인 김작가라고 합니다. 이 책의 예비 독자로 선정된 당신께 질문을 몇 가지 드릴 거예요. 솔직히 대답해 주세요. 첫 번째 질문입니다. 왜 책쓰기 책에 관심을 두시는 거죠?

A 제 나이가 내일모레면 마흔입니다. 직장 생활도 슬슬 지겨워지고, 아, 이거 비밀 유지되는 거죠?

Q 물론입니다. 계속하시죠.
A 제가 틈틈이 주식을 했어요. 나름대로 시장을 파악한다고 자부합니다. 동료들도 나 정도 감각이면 주식 책 하나 쓸 만하다 해요.

Q 그런데 왜 안 쓰시죠?
A 막상 쓰려니까 엄두가 안 나네요. 도움을 좀 받자 싶어서 글쓰기 책을 몇 권 사서 읽었습니다.

Q 결론적으로 주식 책을 쓸 때 참고하려고 한다. 두 번째 질문입니다. 그동안 읽은 글쓰기 책이 도움이 됐나요?
A 안 된 건 아닌데 크게 도움을 받은 것 같지도 않아요. 그랬다면 지금 당신과 인터뷰할 일도 없겠죠.

Q 구체적으로요.
A 글쓰기 책을 읽으면 글을 써야겠구나, 하는 생각이 들기는 해요. 의욕이 생기기는 하는데 그때뿐입니다. 책을 덮고 나면 뭘 어떻게 해야 할지 딱히 떠오르는 게 없어요.

Q 지금껏 읽은 책들이 추상적이었다. 그렇다면 어떤 책을 원하십니까?

A 글쓰기 과정을 세밀하게 알려주는 책을 찾아요. 내 아이디어를 어떻게 구현할 수 있을지 정말 궁금해요. 요리책에는 요리법이 나오고 운동 책에는 운동법이 나오는데 글쓰기 책에는 왜 글 쓰는 방법이 없나요?

Q 그러니까, 여행 가이드북처럼 상세히 글쓰기 과정을 지도해 줄 책을 원한다는 거죠? 마지막 질문입니다. 제게 해주고 싶은 당부의 말씀이 있나요?

A 다른 책에 나오지 않는 뭔가가 있어야 해요. 예를 들면 제가 말씀드렸던 구체적인 글쓰기 과정이라거나, 특별한 기법이랄까? 완벽하지는 않아도 좋으니 진짜 노하우를 알려주세요. 그러면 아낌없이 돈을 내고 책을 살 용의가 있습니다.

홍보 문구 써보기

기획서까지 만들었으면 이 책이 어떤 모습을 하고 세상에 나올지 짐작이 되셨을 겁니다. 이제 내가 이 책의 홍보 담당자라고 생각하고 광고 글을 씁니다. 세상에 하나뿐인 이 책을 더 많은 독자에게 소개하기 위한 글입니다. 자만이나 겸손은 잠시 접어두고 진심과 자부심으로 한 글자 한 글자 적어보세요.

표지에 들어갈 말 쓰기

책의 앞뒤 표지에 들어갈 글입니다. 제목과 함께 이 책을 처음 발견한 독자들이 읽을 글이에요. 글쓴이의 이력을 강조하거나 독자가 이 책을 샀을 때 얻을 이익에 대해 압축적으로 표현해 보세요.

20년 경력 출판 편집자가 전하는 글쓰기 노하우!

이 책을 손에 든 순간 당신의 꿈은 현실이 됩니다.

제2의 인생을 위하여!

성공적인 귀촌 귀어를 위한 완벽 가이드

나는 집에서 여행한다!

SNS 시대의 색다른 랜선 여행법

광고 문안 쓰기

책 광고에 들어갈 글입니다. 앞서 작성한 책 표지 문안을 응용해도 좋습니다.

- 나도 게임 개발을 할 수 있다!
- 30년 경력 게임 개발자가 전하는 메가 히트 게임의 비밀
- 노트북 한 대로 천만 게임을 개발하는 기적을 경험하세요

2부

본문 쓰기

글쓰기 도구 정하기

준비는 끝났습니다. 여행지를 확인하고 관련 정보를 모두 정리했으니 길을 나설 차례입니다. 이제 장비를 점검해 볼까요?

글쓰기 도구는 매우 중요합니다. 종이 한 장, 연필 한 자루면 끝이라고 생각할 수도 있습니다. 그러나 글쓰기는 생각을 적는 '행위'입니다. 도구는 그 행위에 영향을 끼쳐요. 예전에 글쓰기 행위는 종이라는 실물 위에서 이루어졌습니다. 쓰고 지우고 줄을 긋고 고치면서 마침표를 찍을 때까지 오랜 시간을 책상 앞에서 보냈어요.

지금의 글쓰기는 디지털화되어 있습니다. 때와 장소를 가리지 않고 수시로 쓰고 지울 수 있어요. 심지어 그 글을 보관하는 사람도 내가 아닙니다. SNS나 클라우드 서비스 제공자의 서버에서 관리돼요. 그러면서 글의 내용도 일상적이고 순간적인 느낌, 단상이 주를 이루게 됩니다. 지금은 텍스트보다 이미지·영상이 중심이지요.

이처럼 어떤 도구를 사용하느냐에 따라 글의 성격도 변합니다. 우리가 쓰는 글은 '긴 글'입니다. 긴 글에 적합한 글쓰기 도구를 골라보겠습니다.

종이인가, 디지털인가

여전히 많은 분이 종이에 글을 씁니다. 펜을 손에 쥐는 순간 영감이 떠오르거나 종이에 닿는 순간의 필기감이 글쓰기를 촉진하는 측면이 있어요. 다만 긴 글을 수정하고 재구성하는 데는 효율성이 떨어집니다. 수기(手記)는 아이디어를 정리하고 기록하는 단계에 적합합니다.

스마트폰은 화면이 작아 긴 글 쓰기에 적합하지 않지만 간단한 작업은 가능합니다. 써둔 글을 다시 읽어보거나 이동 중에 일부 내용을 수정하거나 덧붙이는 데 활용할 수 있습니다.

태블릿PC는 휴대성이 좋습니다. 별도로 키보드를 장착하면 긴 글도 불편함 없이 쓸 수 있어요. 다만 터치 기반이기 때문에 입력된 글을 수정할 때는 효율성이 떨어진다는 단점이 있습니다.

긴 글 쓰기에는 데스크톱이나 키보드 일체형 노트북이 좋습니다. 글을 쓸 때 화면이 너무 크면 집중이 잘 안 되고 너무 작으면 금세 피로해집니다. 노트북은 12~15인치 사이, 태블릿PC는 10인치 이상이 좋습니다.

워드프로세서 또는 스크리브너

아래아한글과 MS워드는 우리나라 사람이 가장 많이 쓰는 워드프로세서입니다. 이들 워드프로세서의 장점은 우선 범용성입니다. 여러 사람이 쓰기 때문에 이 프로그램으로 만든 문서를 쉽게 읽고 편집·배포할 수 있어요. 이들이 제공하는 다양한 기능도 강점입니다. 다양한 서체, 서식을 활용할 수 있고 그래프, 표, 그림, 사진 등을 넣어 편집하기도 좋아요.

단점도 있습니다. 여러 부분으로 구성된 긴 글을 쓸 때 전체 흐름을 파악하기 어렵습니다. 예를 들어 〈1-1 주제 정하기〉를 쓰고 나서 〈1-2 자료 조사하기〉를 쓰는 식으로 진행하다 보면 '출판되는 책쓰기'라는 큰 틀을 볼 수가 없어요. 나무에 가려 숲이 보이지 않는 이치와 같습니다. 또한 구성을 손볼 때 불편합니다. 예를 들어 1부와 2부의 순서를 바꾸거나

2-1과 3-2의 내용을 바꾸려면 그 부분을 잘라내서 해당 위치에 붙여야 해요.

비유하자면, 아래아한글과 MS워드는 두루마리 화장지와 같습니다. 1-2-3-4⋯ 순서대로 쭉 적어나가요. 순서를 바꾸려면 중간을 뜯어내서 위치를 옮겨야 합니다. 2-1-3-4⋯ 이런 식으로요. 한두 챕터만 수정하면 모르겠지만 이렇게 움직여야 할 부분이 여러 개라면 어떨까요? A4 100장 가까이 되는 분량을 그런 식으로 조정한다는 게 여간 번거롭지가 않아요.

방법이 없지는 않습니다. 파일을 여러 개로 나누어 작업해서 1, 2, 3, 4⋯ 이렇게 따로 작성하고 저장할 수도 있어요. 그러나 이렇게 하면 일괄 변환(단어 바꾸기 등)하거나, 표기법을 통일할 때 손이 많이 갑니다. 이는 워드프로세서들이 기본적으로 단일 문서 작성과 관리에 맞춰 제작되었기 때문이에요.

워드프로세서의 단점을 극복하고 여러 부분 문서를 통합해서 관리하는 긴 글 쓰기 전용 프로그램이 있습니다. 대표적인 게 스크리브너Scrivener예요. 이 프로그램을 개발한 사람은 프로그래머이자 작가라고 합니다. 장편 소설을 쓸 때 각 장면에 해당하는 인물·배경·사건 등 참고 자료를 별도로 관리해야 하는 불편함을 없애고 장면별 구성을 통합해서 관리하기 위해 직접 개발했다고 해요. 그래서인지 작가들이 사용하는 글쓰기 프로그램 중에서는 독보적인 지위를 점하고 있습니다.

스크리브너는 맥OS와 윈도Windows, iOS를 지원합니다. 비슷한 프로그램인 율리시스Ulysses도 맥OS와 iOS만 지원해요. 이들 프로그램으로 작업한 글은 안드로이드 기기에서 편집할 수 없습니다. 아쉽지만 안드로이드 사용자라면 옵시디언Obsidian, 조플린Joplin 등 다른 글쓰기 프로그램을 고려할 수 있습니다. 이때도 프로그램마다 지원 OS, 클라우드 동기화 여부와 가격 정책이 제각각이라 자신이 주로 사용하는 기기에 적합한지 꼭 확인해야 합니다.

사용법은 다르지만 이들 글쓰기 프로그램에는 공통적으로 논문, 시나리오, 장편 소설 등 긴 글쓰기에 유용한 기능이 있습니다. 대표적인 것이 바로 제가 가장 중요하게 생각하는 문서 구조 보기 기능인데요, 글쓰기 창 한쪽에 전체 원고의 흐름을 보여줍니다. 스크리브너의 경우 왼쪽에 바인더binder 창에서 확인할 수 있어요. 구성을 바꾸려면 바인더 창에서 해당 챕터를 드래그하면 되는 식입니다. 숲을 보면서 나무를 심을 수 있게 해주는 유용한 기능입니다.

스크리브너 등 글쓰기 전용 프로그램을 사용했을 때 또 다른 장점은 '아이디어-틀 잡기-글쓰기-수정하기'를 하나의 프로젝트로 관리할 수 있다는 점입니다. 글쓰기를 자주 하는 분이라면 글쓰기 프로그램 사용을 권합니다. 이전과 다른 새로운 글쓰기 경험을 할 수 있을 거예요.

단계별 도구 활용

1) 주제 정하기·생각 정리하기 단계

생각을 자유롭게 풀어내는 것이 중요합니다. 때와 장소를 가리지 않고 그때그때 떠오른 생각들을 기록합니다. 손 글씨 메모장, 스마트폰 메모 앱, 마인드맵을 활용하세요.

2) 틀 잡기·글쓰기 단계

원고를 구성하고 글을 씁니다. 전체 흐름을 보면서 진행하는 것이 효과적이니 이때는 전용 프로그램을 쓰는 걸 추천합니다. 노트북·데스크톱·태블릿PC 등에 스크리브너·율리시스 등 글쓰기 프로그램을 설치해서 원고를 입력하세요. 물론 워드프로세서로 작성해도 괜찮습니다.

3) 초고 다듬기 단계

구성을 확인하고 필요하다면 챕터 순서를 바꿉니다. 뺄 부분과 보완할 부분을 살펴보고 팩트 체크와 오탈자와 비문 수정 등을 합니다. 데스크톱·노트북 위주로 작업하고 이동성이 좋은 스마트폰·태블릿PC 등에서 틈틈이 수정하세요.

4) 퇴고 완성 및 출력 단계

글쓰기 프로그램으로 쓴 원고를 텍스트 파일docx, rtf, txt로 변환해 워드프로세서에서 작업합니다. 틀 잡기부터 워드프로세서로 썼다면 그 파일들을 그대로 사용하고요. 데스크톱·노트북에서 원고 내용을 대폭 손질하고 맞춤법, 표기법 등을 통일합니다. 보기 좋게 서식을 적용하여 종이 문서로 출력합니다.

틀 잡기

틀 잡기는 건물을 지을 때 설계도 만들기와 같습니다. 이를 토대로 기초를 다지고 뼈대를 세워요. 몇 층으로 지을지, 형태는 어떻게 할지, 창은 어디로 낼지 등 기본적인 내용을 담습니다.

틀 잡기는 〈차례〉에서 출발합니다. 어떤 이는 나중에 출판사에서 바꿀지도 모르는데 꼭 힘들여 차례를 만들어야 하느냐고 말합니다. 쓸 내용을 미리 정해두면 글쓰기의 자유도가 떨어질까 걱정하는 분도 있습니다.

우리에게는 여행 중 맞닥뜨릴 아름다운 풍경을 즐기고 더 나은 길을 찾아갈 권리가 있습니다. 집필 중에 새로운 아이디어가 떠오르면 언제든 추가, 삭제, 변형할 수 있습니다. 다만, 방향을 바꾸려면 기준이 있어야 해요. 차례가 바로 그 역할을 합니다.

차례 만들기

우리가 서점에서 책을 구입할 때를 한번 상상해볼까요. 여러분은 지금 서점 판매대 혹은 인터넷 서점 메인 페이지에 있어요. 책이 한 권 눈에 띄는군요. 먼저 표지와 제목을 봅니다. 맘에 드네요. 책을 선택해서 표지에 실린 광고 글, 지은이 프로필 등을 훑어봅니다. 꽤 괜찮아 보여요.

그다음은 차례입니다. 책의 앞부분에 실린 차례를 보고 내용을 짐작합니다. 그중 평소 흥미를 느꼈던 주제에 해당하는 페이지를 펼칩니다. 몇 페이지 읽어봅니다. '이 정도면 훌륭하군.' 구매를 결정합니다. 카운터로 책을 들고 가거나 장바구니에 넣고 결제 버튼을 누릅니다.

차례는 책 내용을 함축적으로 보여줍니다. 이 책이 무슨 말을 하려는지 쉽게 알 수 있어요. 차례에는 책에 담길 내용과 특징, 장점, 잠재적 독자층 등 모든 것이 담겨 있어요. 독자들이 책의 내용을 짐작하고 구매 여부를 판단하는 중요한 기준이 됩니다.

틀 잡기는 차례 만들기에서 시작합니다. 이는 건물을 지을 때 기초 공사를 하고 뼈대를 세우는 것과 같아요. 차례를 잘 만들면 흔들림 없이 책쓰기를 할 수 있습니다. 차례를 부실하게 만들면 나중에 '뭐가 빠졌는데', '이게 아닌데' 하면서 처음부터 다시 살펴보게 됩니다.

차례를 만드는 요령은 다음과 같습니다.

책에 들어갈 내용을 선별하자

우선 아이디어 스케치와 마인드맵을 참고해서 들어갈 내용을 정해요. 이 내용을 간단한 구절이나 짧은 문장으로 요약합니다. 다이어트 책을 준비 중인 A의 사례를 볼까요. 이분은 메모를 통해 다음 내용을 생각해 두었습니다.

비만 시절 에피소드 / 나만의 방법 / 다이어트 동기 / 다이어트에 대한 오해와 진실 / 주변 사람들의 실패담 / 운동을 통한 감량 사례 / 식단 조절 방법

경쟁 도서를 살펴보니 과학적 근거를 넣는 게 좋겠다는 생각에 다음 내용을 추가하기로 합니다.

유산소 운동이 체중 감량에 좋은 이유 / 지방 분해 과정의 과학적 설명 / 요요 현상에 관한 고찰 / 체질에 따른 운동법 / 탄수화물과 단백질 등 영양소에 대한 설명

이렇게 총 12개의 챕터를 넣기로 합니다.

챕터를 나열하자

들어갈 내용을 정했으면 이것들을 늘어놓습니다.

① 비만 시절 에피소드

② 나만의 방법

③ 다이어트 동기

④ 다이어트에 대한 오해와 진실

⑤ 주변 사람들의 실패담

⑥ 운동을 통한 감량 사례

⑦ 식단 조절 방법

⑧ 유산소 운동이 체중 감량에 좋은 이유

⑨ 지방 분해 과정의 과학적 설명

⑩ 요요 현상에 관한 고찰

⑪ 체질에 따른 운동법

⑫ 탄수화물과 단백질 등 영양소에 대한 설명

덩어리로 묶자

그런 다음 비슷한 것끼리 묶어요.

- ③ 다이어트 동기 / ④ 다이어트에 대한 오해와 진실
- ① 비만 시절 에피소드 / ⑤ 주변 사람들의 실패담 / ⑩ 요요 현상에 관한 고찰
- ⑥ 운동을 통한 감량 사례 / ⑦ 식단 조절 방법 / ⑪ 체질에 따른 운동법
- ⑧ 유산소 운동이 체중 감량에 좋은 이유 / ⑨ 지방 분해 과정의 과학적 설명 / ⑫ 탄수화물과 단백질 등 영양소에 대한 설명
- ② 나만의 방법

'나만의 방법'은 따로 짧게 쪼개서 '팁' 형식으로 매 챕터 말미에 넣어도 좋겠네요. 혹은 머리말이나 맺음말로 써도 좋겠습니다.

죄송하지만 저희 출판사와는 맞지 않습니다

자, 이렇게 해서 만들어진 차례는 다음과 같습니다.

1부. 우리가 모르는 다이어트의 비밀

1. 다이어트 동기

2. 다이어트에 대한 오해와 진실

2부. 찌거나 혹은 빠지거나

1. 비만 시절 에피소드

2. 주변 사람들의 실패담

3. 요요 현상에 관한 고찰

3부. 알고 하는 운동이 효과도 좋다

1. 탄수화물과 단백질 등 영양소에 대한 설명

2. 지방 분해 과정의 과학적 설명

3. 유산소 운동이 체중 감량에 좋은 이유

4부. 체질을 알아야 성공한다

1. 식단 조절 방법

2. 운동을 통한 감량 사례

3. 체질에 따른 운동법

명함용지 이용하기

이 과정을 두 개의 방식으로 해 보겠습니다. 하나는 명함용지 이용하기입니다. 빈 명함용지는 문구점이나 인터넷 쇼핑몰

명함용지를 이용한 차례 만들기

에서 쉽게 구할 수 있습니다. 손으로 뜯어낼 수 있도록 일정한 크기로 재단되어 있어요.

용지를 구했으면 여기에 각 챕터 내용을 씁니다. 그런 다음 카드를 섞어서 무작위로 펼쳐놓아요. 이제 관련이 있는 내용끼리 서로 묶습니다. 앞서와 같이 네 묶음이 되었다면 이들을 적당한 순서로 정렬해요.

스크리브너로 차례 만들기

두 번째로 스크리브너의 코르크보드 기능을 이용해 차례를 만들겠습니다. 그러려면 먼저, 스크리브너 파일(프로젝트)을 만들어야겠네요!

설치 후 최초로 스크리브너를 구동하면 첫 화면이 열립니다. 온통 영어예요. 침착하게 마우스를 움직여 [Blank]를 선택하고 아래쪽 [Create] 버튼을 누릅니다. '출판되는 책쓰기' 혹은 생각해 둔 책 제목으로 이름을 정하고 어디든(일단 바탕화면이 좋겠습니다) 저장할 위치를 정한 후 [저장] 버튼을 눌러요. 그러면 '출판되는 책쓰기'라는 제목의 프로젝트가 생성되면서 창이 열립니다. 여기까지 왔다면 큰 산을 하나 넘은 셈이에요. 이제 메뉴를 한글화할 수 있습니다!(설치법과 메뉴 한글화 과정은 [부록]을 참고해주세요.)

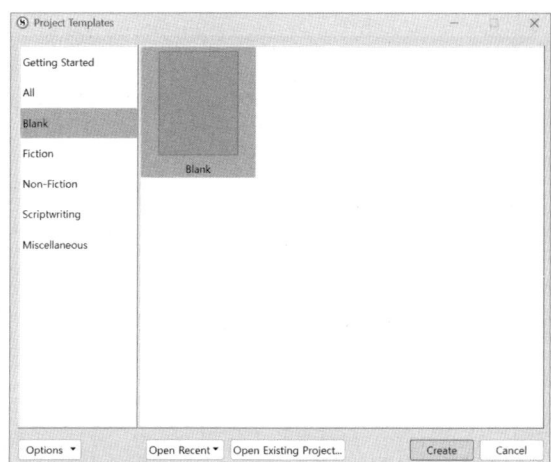

① 빈 문서(Blank) 선택

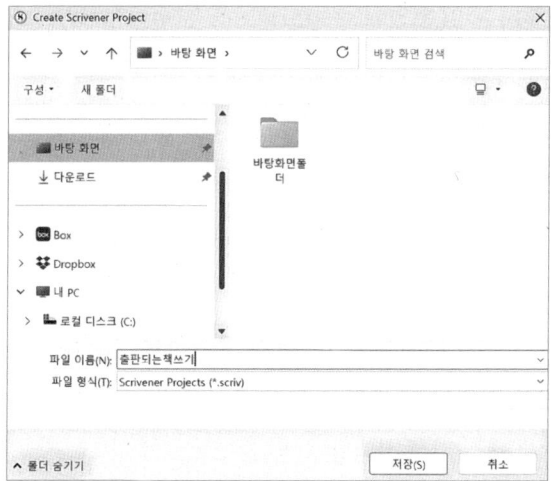

② 파일 이름 정하고 저장하기

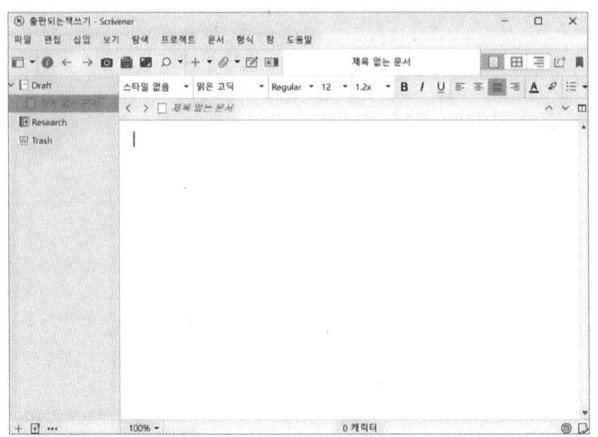

③ 새로 생성된 프로젝트 창

설치와 메뉴 한글화를 성공적으로 마쳤다는 전제하에 계속 진행하겠습니다.

스크리브너를 구동하고 앞서 만들어 놓은 '출판되는 책쓰기' 프로젝트를 엽니다. (아마도 이미 열렸을 수도 있습니다. 초기 설정이 구동 시 최근 프로젝트를 자동으로 불러오게 되어 있으니까요.)

상단 메뉴에서 [프로젝트 → 새 텍스트]를 선택하세요. 또는 왼쪽 바인더 창에서 마우스 오른쪽 버튼을 누른 후 [추가 → 새 텍스트]를 선택합니다.

바인더에 [제목 없는 문서]가 생겼네요. 여기에 아까 만든

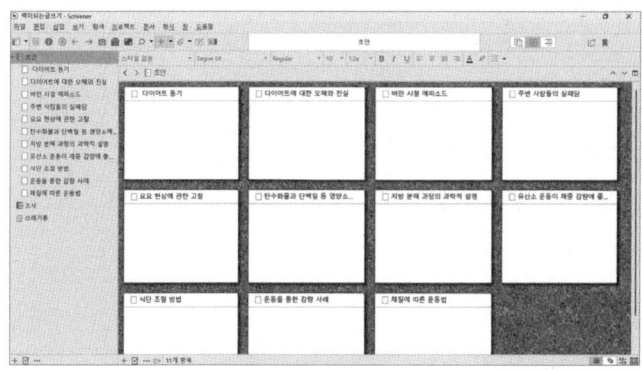

코르크보드는 원고 구성과 흐름을 한눈에 보여준다.

챕터 이름 중 하나를 씁니다. 마찬가지 과정을 거쳐 총 12개의 [제목 없는 문서]를 만들어요. 바인더 창에는 12개의 문서가 주렁주렁 달립니다.

다음으로 마우스로 [초안Draft]을 클릭한 후 메뉴에서 [보기 → 코르크보드]를 선택하거나 오른쪽 위 격자 유리창 모양의 아이콘을 선택합니다. 그러면 마치 코르크보드에 메모지를 꽂은 것처럼 앞서 작성한 챕터들이 나열됩니다.

확인한 후 이것들을 비슷한 내용끼리 묶습니다. 묶는 방법은 다음과 같습니다.

마우스로 [초안]을 클릭한 후 상단 메뉴에서 [프로젝트 → 새 폴더]를 선택하거나 바인더에서 마우스 오른쪽 버튼

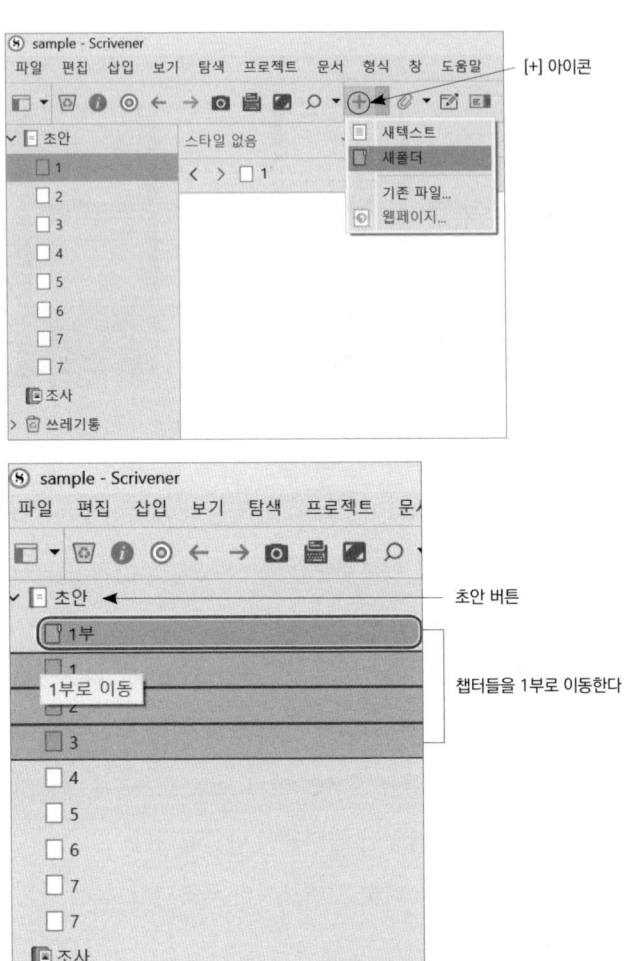

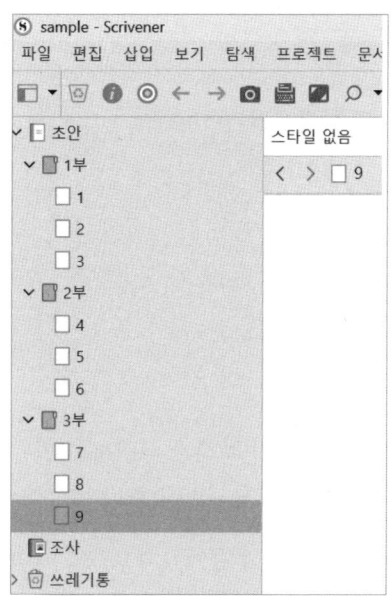

새 폴더를 만들고 이름을 붙인 후 그 안으로 챕터를 드래그하여 옮긴다.

을 누른 후 [추가 → 새 폴더]를 선택합니다. 툴바의 [+] 아이콘을 선택해도 동일한 효과가 있습니다. 그러면 새 문서와는 다른 아이콘이 생길 거예요. 여기에 이름을 적습니다. 그런 다음 비슷한 내용의 챕터들을 마우스로 끌어서 그 안에 담습니다.

수정-확정하기

작성한 차례를 수정하겠습니다. 먼저 차례가 여러분이 처음 작성한 기획서를 제대로 반영하고 있는지 확인합니다. 이 책의 목적에 해당하는 내용들이 충분히 들어갔나요? 이 책의 특징을 충분히 알릴 내용이 포함되어 있나요? 이야기의 흐름이 서론-본론-결론과 같이 논리적으로 매끄럽게 이어지나요?

프린트해서 다시 읽어본 후 수정 사항을 고민합니다. 그런 다음 위의 질문을 다시 해보세요. 미진하다면 새로운 내용을 추가하거나 뺍니다. 순서를 바꾸고 범주화해요.

다음은 확정된 차례입니다. 처음 작성한 것과 비교해 보면, 새롭게 몇몇 챕터를 추가하고 4부의 내용을 '식단'에 초점을 두어 바꾸었습니다.

초안	수정본
	머리말
1부. 우리가 모르는 다이어트의 비밀 1. 다이어트 동기 2. 다이어트에 대한 오해와 진실	**1부. 다이어트의 은밀한 비밀** 1. 다이어트의 역사 2. 다이어트의 오해와 진실 3. 비만-고독한 현대의 질병
2부. 찌거나 혹은 빠지거나 1. 비만 시절 에피소드 2. 주변 사람들의 실패담 3. 요요 현상에 관한 고찰	**2부. 찌거나 혹은 빠지거나** 1. 나는 이렇게 30킬로그램을 뺐다 2. 돌아온 살들의 저주-요요 현상 3. 과학이 말하는 습관의 진리
3부. 알고 하는 운동이 효과도 좋다 1. 탄수화물과 단백질 등 영양소에 대한 설명 2. 지방 분해 과정의 과학적 설명 3. 유산소 운동이 체중 감량에 좋은 이유	**3부. 효과적인 운동법 A-Z** 1. 탄수화물은 우리의 적 2. 유산소 운동은 우리의 희망 3. 감량 일지를 작성하라 4. 혼자 할까, 같이 할까?
4부. 체질을 알아야 성공한다 1. 식단 조절 방법 2. 운동을 통한 감량 사례 3. 체질에 따른 운동법	**4부. 식단 조절 감량법** 1. 체질을 알아야 성공한다 2. 식이 섬유를 충분히 섭취하자 3. 물만 마셔도 살이 찐다(?) 4. 적당 칼로리 계산법 부록

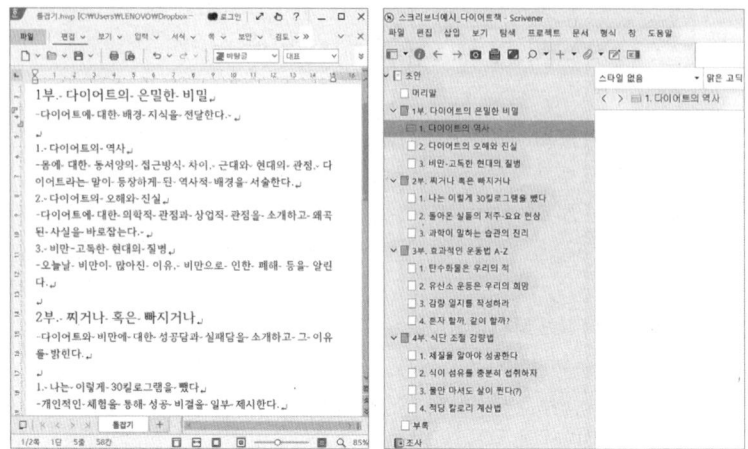

아래아한글과 스크리브너의 틀 잡기 작업

작업을 마무리했다면 파일을 저장합니다. 이제 작업 폴더에는 '차례' 파일이 하나 생겼어요. 지금부터는 구체화 작업에 들어갈 거예요.

챕터 구체화하기

이제 차례에 살을 붙이도록 하겠습니다. 각 챕터의 주제, 키워드, 들어갈 내용 등을 더할 거예요. 스크리브너와 워드프로세서, 두 가지 방식으로 설명하겠습니다.

챕터별 주제 쓰기

각 카테고리와 하위 챕터의 주제를 한두 문장으로 요약해서 써넣습니다. 한글·MS워드라면 박스 처리를 해서 그 내용이 돋보이도록 합니다. 스크리브너에서는 [시놉시스] 란에 씁니다.

  여기서 잠깐! 스크리브너에서 [시놉시스]를 쓰려면 [조사관Inspector] 기능을 활성화해야 합니다. 메뉴의 [보기 → 조사관]을 선택하거나 상단 툴바에서 둥근 i 아이콘을 클릭합니다. 그러면 오른쪽 끝으로 [시놉시스]와 [노트] 창이 나타납니다. 이 중 [시놉시스]에 아래 개요 내용을 입력하세요.

1부. 다이어트의 은밀한 비밀	
다이어트에 대한 배경지식을 전달한다.	

1. 다이어트의 역사	
개요	몸에 대한 동서양의 접근방식 차이, 근대와 현대의 관점, 다이어트라는 말이 등장하게 된 역사적 배경을 서술한다
키워드	
내용	

2. 다이어트의 오해와 진실	
개요	다이어트에 대한 의학적 관점과 상업적 관점을 소개하고 왜곡된 사실을 바로잡는다.
키워드	
내용	

3. 비만-고독한 현대의 질병	
개요	오늘날 비만이 많아진 이유, 비만으로 인한 폐해 등을 알린다.
키워드	
내용	

2부. 찌거나 혹은 빠지거나
다이어트에 대한 성공담과 실패담을 소개하고 그 이유를 밝힌다.

죄송하지만 저희 출판사와는 맞지 않습니다

1. 나는 이렇게 30킬로그램을 뺐다	
개요	개인적인 체험을 통해 성공 비결을 일부 제시한다.
키워드	
내용	
2. 돌아온 살들의 저주-요요 현상	
개요	피트니스센터에서 만난 다양한 사례를 소개하고 실패 요인을 분석한다.
키워드	
내용	

키워드 달기

다음은 키워드 달기입니다. 그 챕터에 등장하는 핵심 개념을 요약하되, 문장이 아닌 낱말로 작성합니다. 최소 세 개 이상 선정합니다. 스크리브너로 작업할 때는 인스펙터의 노트 란에 쓰고 워드프로세서라면 틀 잡기 파일에 다음 내용과 같이 적어 넣습니다.

1부. 다이어트의 은밀한 비밀	
다이어트에 대한 배경지식을 전달한다.	
1. 다이어트의 역사	
개요	몸에 대한 동서양의 접근방식 차이, 근대와 현대의 관점, 다이어트라는 말이 등장하게 된 역사적 배경을 서술한다.
키워드	몸과 마음 / 고대의 육체 / 중세의 육체 / 르네상스 시대의 육체 / 근대적 육체 / 다이어트의 등장

내용	
2. 다이어트의 오해와 진실	
개요	다이어트에 대한 의학적 관점과 상업적 관점을 소개하고 왜곡된 사실을 바로잡는다.
키워드	칼로리 / 건강과 다이어트의 관계 / 비만 기준 / 광고 속 다이어트 / 대중적 편견
내용	
3. 비만-고독한 현대의 질병	
개요	오늘날 비만이 많아진 이유, 비만으로 인한 폐해 등을 알린다.
키워드	WHO 질병 분류 / 비만 통계 / 미국의 경우 / 우리나라의 경우
내용	

2부. 찌거나 혹은 빠지거나

다이어트에 대한 성공담과 실패담을 소개하고 그 이유를 밝힌다.

1. 나는 이렇게 30킬로그램을 뺐다	
개요	개인적인 체험을 통해 성공 비결을 일부 제시한다.
키워드	나의 경험 / 건강 문제 / 감량 과정 / 위기 / 성공 이후
내용	
2. 돌아온 살들의 저주-요요 현상	
개요	피트니스센터에서 만난 다양한 사례를 소개하고 실패 요인을 분석한다.
키워드	다이어트 실패 사례(A/B/C) / 다이어트 성공 사례(A/B/C) / 환경적 요인 / 심리적 요인
내용	

들어갈 내용 나열하기

하위 챕터에 들어갈 내용을 씁니다. '-하기' 식으로 나열하거나 여기에 더해서 실제로 쓸 내용 일부를 서술합니다. 형식에 구애받지 않고 지금 생각나는 대로 쓰세요. 조소 과정에서 뼈대에 살을 붙이는 단계라고 생각하시면 됩니다. 완성된 것은 아니지만 얼추 형태를 잡아갑니다. 한글이나 MS워드라면 본문 쓰기 단계에서 지금 작업한 내용 위에 덧쓰기를 할 거예요. 스크리브너라면 [노트] 란에 쓰고 본문 칸은 비워둡니다.

차례가 확장되는 과정이 보이죠? 차례 만들기-챕터 내용 요약하기-키워드 적기-들어갈 내용 나열하기 과정을 통해 기초 공사를 하고 뼈대를 세웠습니다. 본문 쓰기는 여기에 살을 붙여 건물을 완성하는 과정이에요.

1부. 다이어트의 은밀한 비밀
다이어트에 대한 배경지식을 전달한다.

1. 다이어트의 역사	
개요	몸에 대한 동서양의 접근방식 차이, 근대와 현대의 관점, 다이어트라는 말이 등장하게 된 역사적 배경을 서술한다
키워드	몸과 마음 / 고대의 육체 / 중세의 육체 / 르네상스 시대의 육체 / 근대적 육체 / 다이어트의 등장
내용	* 몸과 마음을 둘로 나누어 생각하는 사고방식의 기원 * 동양적 세계관에서 보는 몸 * 고대 그리스 신화에 나오는 몸 * 고대 그리스 사람들이 몸을 가꾸고 건강을 유지하는 방식 (사료) * 중세 기독교적 세계관에서의 몸 * 몸이 원죄가 된 이유(성경에 나타난 몸) * 뚱뚱한 몸은 왜 죄가 되었는가(검약함과 비만) * 몸의 재발견(르네상스와 육체의 해방) * 레오나르도 다 빈치의 황금비와 완벽한 육체 * 근대 인종주의와 우월한 육체 * 기계가 된 육체-집단주의와 육체 * 대량생산 대량소비 * 육식의 증가와 비만 * 우량아 선발대회 / 국민체조 시대의 몸 * 패스트푸드와 비만 * 다이어트 산업의 등장

	2. 다이어트의 오해와 진실
개요	다이어트에 대한 의학적 관점과 상업적 관점을 소개하고 왜곡된 사실을 바로잡는다.
키워드	칼로리 / 건강과 다이어트의 관계 / 비만 기준 / 광고 속 다이어트 / 대중적 편견
내용	* 통계로 본 표준 체형의 변화 * 세대별·성별 다이어트에 대한 관념 차이 * 마른 사람이 건강할까? * 비만에 대한 인식 변화(신문 기사 자료) * 광고 속 다이어트(광고 자료) * 과거 유행했던 다이어트(황제 다이어트, 간헐적 단식 등) * 대중적 편견(흔히 잘못 알고 있는 다이어트 상식)
	3. 비만-고독한 현대의 질병
개요	오늘날 비만이 많아진 이유, 비만으로 인한 폐해 등을 알린다.
키워드	WHO 질병 분류 / 비만 통계 / 미국의 경우 / 우리나라의 경우
내용	* WHO가 비만을 질병으로 분류한 이유 및 관련 기사 * 비만이 건강에 미치는 영향 * 미국 비만 통계 추이, 변화 * 우리나라 비만 통계 추이, 변화 * 경제적 수준과 비만의 관계 * 비만 예방을 위한 캠페인 * 운동을 통한 비만 예방 연구들

2부. 찌거나 혹은 빠지거나
다이어트에 대한 성공담과 실패담을 소개하고 그 이유를 밝힌다.

1. 나는 이렇게 30킬로그램을 뺐다

개요	개인적인 체험을 통해 성공 비결을 일부 제시한다.
키워드	나의 경험 / 건강 문제 / 감량 과정 / 위기 / 성공 이후
내용	* 학창 시절 비만이었던 친구와의 에피소드 * 출산과 다이어트 경험 * 요요 현상을 극복한 방법 * 다이어트 이후 건강 문제가 해결된 경험 * 새로운 일과 스트레스로 다시 몸무게가 늘어난 경험 * 피트니스센터에 가게 된 배경

2. 돌아온 살들의 저주-요요 현상

개요	피트니스센터에서 만난 다양한 사례를 소개하고 실패 요인을 분석한다.
키워드	다이어트 실패 사례(A/B/C) / 다이어트 성공 사례(A/B/C) / 환경적 요인 / 심리적 요인
내용	* A: 은퇴 후 집에서 특별한 활동 없이 생활. 갑자기 체중 증가. 운동 시작. 1년간 꾸준히 운동. 음주 습관으로 요요 현상이 일어남 * B: 전문직 종사자로 실직 후 우울증. 과소 체중 운동 시작 후 체중 정상화. 최근 다시 거식 현상 * C: 육아 스트레스로 체중 증가. 6개월 운동 후 체지방 급격히 감소. 둘째 임신 후 운동 중단. 요요 현상

내용	* A: 직장인으로 과다체중 진단을 받고 운동 시작-3개월 후부터 효과 * B: 출산 후 스트레스로 체중 저하. 지인의 권유로 운동 시작. 현재 피트니스 강사로 활동 중 * C: 학생. 성적 하락과 비만, 꾸준한 운동으로 성적 향상 * 환경적 요인 분석: 잘못된 식습관, 만성 운동 부족, 인내심 부족의 원인 등 * 심리적 요인 분석: 출산 육아, 학업, 연애, 질환, 이별 기타 사건으로 인한 스트레스 사례

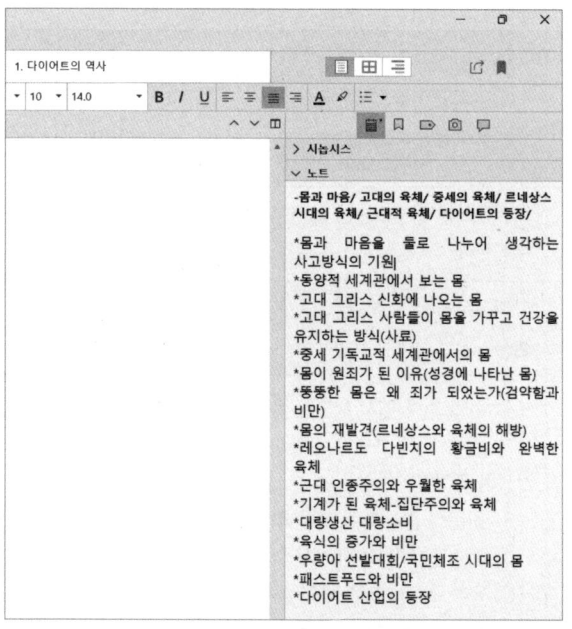

틀 잡기를 마치면 이를 토대로 원고를 적어나간다.

분량 배분하기

본문을 쓸 때 내가 얼마만큼 썼는지, 그리고 그 양이 적당한지를 알고 있어야 합니다. 그러지 않으면 나중에 원고량이 턱없이 부족하거나 너무 많아서 힘들게 쓴 원고를 대폭 걷어내야 하는 일이 생겨요. 틀 잡기는 그런 일을 예방합니다. 물론 쓰다 보면 미리 정한 원고량에 맞추기 어렵습니다. 하다 보면 총량을 늘여야 하거나 일부 챕터의 내용은 줄여야 할 경우가 생깁니다. 이때는 유연하게 조정해야 해요. 애초에 정한 원고량은 절대적인 기준이 아닙니다. 그럼에도 미리 배분하는 이유는 원고의 전체적인 흐름, 즉 기승전결에 대한 감각이 생기기 때문이에요.

작성은 다음과 같이 해요. 차례를 토대로 전체 원고량을 100으로 잡고 그중 해당 챕터가 차지하는 비중과 거기에 따른 원고 매수를 어림짐작해서 정합니다. 부족한 것보다 넘치는 게 나으니 조금 넉넉하게 잡습니다.

- 목표 원고량=15만 자≒A4 75~90장≒200자 원고지 750매≒신국판 250~300페이지
- 총 4부로 섹션 나뉘어 있음
- 1부당 3만 7,500자씩

예시

머리말

1부. 다이어트의 은밀한 비밀 → 3만 7,500자

1. 다이어트의 역사 → 1만 2,500자

2. 다이어트의 오해와 진실 → 1만 2,500자

3. 비만-고독한 현대의 질병 → 1만 2,500자

2부. 찌거나 혹은 빠지거나 → 3만 7,500자

1. 나는 이렇게 30킬로그램을 뺐다 → 1만 2,500자

2. 돌아온 살들의 저주-요요 현상 → 1만 2,500자

3. 과학이 말하는 습관의 진리 → 1만 2,500자

⋮

파일 쪼개기

본문 쓰기는 전체 원고를 쪼개서 챕터별로 진행할 거예요. 워드프로세서라면 챕터별로 파일을 나누고 각 챕터에 해당하는 키워드와 내용을 상단에 적어둡니다. 파일 이름에 원고 분량까지 적으면 전체 원고에서 차지하는 비중을 한눈에 파악할 수 있어요.

스크리브너라면 [프로젝트 목표] 기능과 [문서 목표] 기능을 이용해 전체 원고량과 부분별 원고량을 설정합니다. 우선 상단 메뉴의 [프로젝트] → [프로젝트 목표]를 클릭합니다. 여기서 [초안 목표]를 정해주세요. [세션 목표]는 언제까지 얼마나 쓸지를 의미해요. 일단은 그냥 두고 필요하다면 나중에 정합니다. 다음은 각 챕터별 목표 원고량입니다. 챕터를 클릭

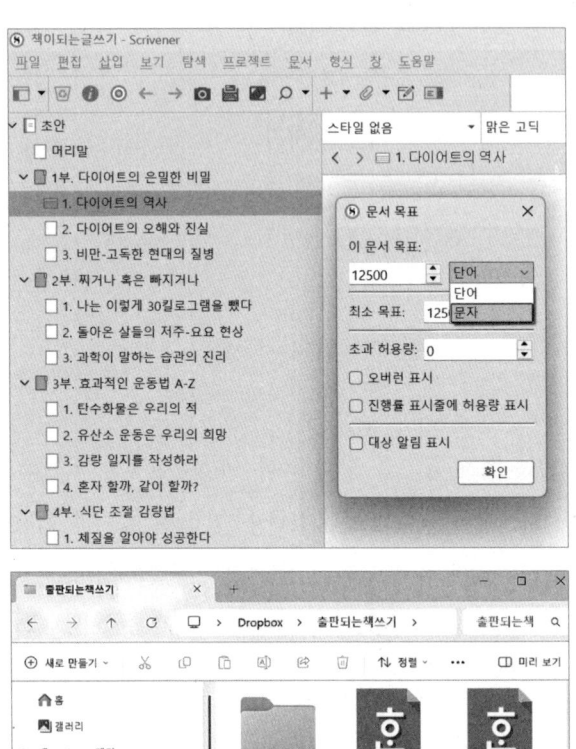

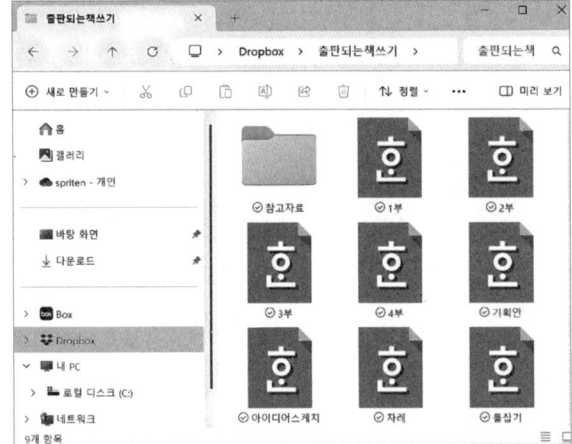

스크리브너 원고 배분과 아래아한글 파일 분할

하고 우측 하단의 과녁 표시를 클릭합니다.

[문서 목표] 창이 나오면 여기에 아까 정해놓은 수치를 입력합니다. 다른 챕터도 그렇게 합니다. 이때 원고량 계산 단위는 [단어word]가 아닌 [문자character]를 선택해야 합니다.

이제 우리가 작업하려는 '출판되는 책쓰기' 폴더에는 다음과 같은 파일들이 담기게 됩니다.

아이디어 스케치 / 기획안 / 차례 / 1부 / 2부 / 3부 / 4부 / 참고 자료

조사를 통해 확보한 자료들은 별로도 관리합니다. 사진·그림·도표 자료 등을 '참고 자료' 폴더에 따로 모아놓습니다.

이로써 틀 잡기의 모든 단계가 끝났습니다. 우리는 이제 각 챕터별로 어떤 내용을 얼마나 써야 할지 알게 되었어요. 본격적으로 본문을 쓸 차례입니다.

본문 쓰기

지금까지 아이디어를 구체화하고 틀을 잡아 본문 쓰기를 위한 가이드라인을 만들었습니다. 이제 뼈대에 살을 붙이고 설계도에 따라 모양을 갖춰나가는 작업이 남았습니다. 워드프로세서라면 이미 적혀 있는 키워드와 들어갈 내용을 참고해서 써나갑니다. 1부 파일을 열면 맨 위에 제목이 그 아래 키워드와 들어갈 내용들이 요약되어 있습니다. 그 뒤를 이어서 본문을 적어나갑니다. 스크리브너라면 바인더와 인스펙터 기능을 통해 좌우에 차례와 시놉시스(개요)·노트를 보면서 본문을 씁니다.

본문 쓰기는 자신과의 싸움입니다. 글을 쓰다 보면 막히기도 하고 회의감이 찾아오기도 할 거예요. 이는 글 쓰는 사람이라면 누구나 겪는, 그러나 누구도 대신할 수 없는 과정이에요. 지름길은 없습니다. 혼자서 묵묵히 한 걸음 한 걸음 가야 해요. 자신을 믿고 끝까지 완주하시기 바랍니다. 다음을 참고하세요.

머리말을 먼저 쓰자

머리말에는 이 책을 쓴 동기나 목적, 책의 장점 등이 담깁니다. 독자들이 처음 읽는 글로 그만큼 주목도가 높아요. 분량은 1,000자 내외, 즉 신국판 책 기준으로 두세 페이지 분량이면 적당합니다(물론 더 짧거나 길어도 괜찮습니다). 책을 통해 독자들에게 전하고자 하는 바를 쓰세요. 머리말에는 잠재적 독자에 대한 존중과 배려, 저자로서 내 글에 대한 애정과 자신감이 드러나야 합니다. 이 책이 유익하다는 점, 신뢰할 수 있다는 점을 충분히 밝히세요.

보통은 본문을 먼저 쓰고 머리말이나 맺음말 등 부수적인 글은 나중에 씁니다. 그러나 저는 여러분께 머리말을 맨 먼저 쓰라고 말씀드리고 싶어요. 그러면 내가 이 책을 왜 쓰려고 했는지, 어떻게 써야 할지 등이 명확해집니다. 저는 본문을 쓰다가 길을 잃을 때 다시 한번 머리말을 보곤 합니다. 머리말에는 이 책을 관통하는 주제 의식이 담겨 있기 때문입니다. 다음을 생각해 보세요.

- 나는 이 책을 왜 썼는가?
- 이 책이 누구에게 도움이 되는가?
- 이 책에서 가장 중요한 내용은 무엇인가?
- 이 책을 쓰는 것과 관련한 인상적인 에피소드가 있는가?
- 이 책을 읽을 독자들의 삶에 어떤 변화를 기대하는가?

죄송하지만 저희 출판사와는 맞지 않습니다

간결하게 쓰자

'간결하게 쓰기'는 정보 전달을 목적으로 하는 실용서에서 특히 중요합니다. 서술이 모호하고 장황하다면 독자로서는 혼란에 빠질 수밖에 없겠죠. 각 챕터에 담고자 하는 내용을 간결하게 쓰세요. '간결하다'는 말은 문장이 쉽고 간단하다는 뜻입니다. 잠시 문법에 대해 설명을 드려야겠군요.

문장은 주성분 위주로

우리말의 문장 성분은 주성분과 부속 성분, 독립 성분, 이렇게 세 가지로 나뉩니다. 주성분이란 문장이 성립하기 위한 필수 요소로 주어, 목적어, 보어, 서술어가 있습니다. 부속 성분은 주성분을 꾸며주는 역할을 합니다. 관형어, 부사어가 있습니다. 독립 성분은 독립어, 딱 하나가 있습니다. 호칭이나, 감탄

사처럼 혼자 떨어져서 쓰이지요.

주성분 위주로 쓰면 문장이 간결해집니다. '꽃이 아름답다'는 '노란 꽃이 무척 아름답다'보다 간결합니다. 내가 평소에 부속 성분을 남발하고 있지는 않은지 살펴보세요. 너무, 정말, 조금, 진짜 등과 같이 일상에서 습관적으로 쓰는 구어 표현을 책에 그대로 쓸 때가 있습니다. 이런 말들은 되도록 빼세요. 문장이 훨씬 깨끗해집니다.

접속사는 최소화하자

접속사를 배제하면 서술에 밀도가 생깁니다.

그래서, 그러나, 그리고, 그런데, 하지만 등은 부사어에 해당합니다. 이들은 논리적 흐름을 명확히 해주는 역할을 하지만 그 자체로 아무런 뜻이 없기에 빼도 뜻이 통합니다. 오히려 글의 밀도를 높여주는 효과가 생겨요.

'학교에 갔다. 그런데 멍멍이가 없었다'보다는 '학교에 갔다. 멍멍이가 없었다'가, '비가 왔다. 그래서 우산을 썼다'보다는 '비가 왔다. 우산을 썼다'가 좀 더 간결하고 읽는 이에게 긴장감을 줍니다.

복문(複文) 남용에 주의하자

―해서, ―하는데, ―하고 나서, ―하니까 등 문장을 끝내지 않고 이어가는 경우가 있습니다. 이럴 때는 중간에 마침표를 찍어주세요.

'학교에 갔는데 멍멍이가 없어서 깜짝 놀랐다'보다는 '학교에 갔다. 멍멍이가 없어서 깜짝 놀랐다' 또는 '학교에 갔는데 멍멍이가 없었다. 깜짝 놀랐다'가 더 간결합니다.

반복을 조심하자

앞에 했던 말을 또 하고 있지는 않은지 보세요. 1부에 나온 내용이 2부와 3부에서 반복된다면 독자들은 따분하다고 생각하게 될 겁니다. 비슷한 내용이라도 다른 관점에서 다른 재료와 사례로 쓴다면 그럴 위험이 줄어들 거예요.

중간 제목을 달자

글만 계속 이어지는 책은 지루합니다. 긴 글일수록 쉬어가는 지점이 있어야 해요. 중간 제목이 그런 기능을 합니다. 서술이 길게 이어진다 싶으면 중간에 끊고 제목을 달아주세요. 이들은 나중에 차례에 포함할 수도 있습니다. 다음을 고려하세요.

간격이 적당한가?

독서 중에 중간 제목이 지나치게 자주 나오면 흐름이 끊기고, 띄엄띄엄 나오면 지루한 느낌을 줘요. 신국판 기준으로 4~8 페이지(A4 한두 장) 간격으로 중간 제목이 나오면 적당히 보기 좋습니다.

이어질 내용을 잘 반영하는가?

제목은 이어질 내용과 관련이 있습니다. 거꾸로 지금까지 읽은 내용을 요약하는 식으로 제목을 쓰기도 합니다. 잡지가 그래요. 단행본에서는 이어질 내용을 요약, 함축하거나 암시하는 식으로 제목을 씁니다. 뒤에 나올 내용을 함축적으로 요약해서 제목을 달아주세요.

길이는 적당한가?

차례 제목은 한 줄 안에 들어가는 게 좋습니다. 두 줄 이상이 되면 본문과 차별성이 떨어지거든요. 제목은 임펙트가 있어야 해요. 강한 인상을 심어주어야 합니다. 간결하고 인상적인 제목을 생각해 보세요.

책의 분위기와 어울리는가?

감성적인 글이라면 중간 제목 역시 세련되고 이미지가 풍부한 표현이 좋습니다. 정보를 전달하는 것이 주목적인 설명문이라면 친절한 제목이, 메시지가 강한 글이라면 호소력 있는 제목이 좋겠지요.

어떤 경우든 중간 제목은 본문과 본문을 잇는 징검다리 역할을 해야 해요. 다음 예시를 참고해서 흥미로운 제목을 만들어 보세요.

1) 나열식

'무엇과 무엇' 식으로 핵심 내용을 나열하는 방식입니다.

↳ 차례와 틀 잡기 / 본문 쓰기와 글쓰기 도구 / 원고 완성과 투고의 형식 / '했다'와 '했습니다'

2) 구절 형식

완성되지 않은 문장 형식으로 생각할 거리를 던져줍니다. 읽는 이에게 적당한 긴장감을 주기 때문에 개인적으로 가장 선호하는 방식이에요.

↳ 습관이 중요한 이유 / 첫 문장이 어렵다면 / 글쓰기 최강 도구-스크리브너 / 생각 정리의 기술 / 하룻밤 글쓰기라는 환상

3) 설명문 형식

이런 제목은 그 자체로 완결성을 가지고 있기에 제목으로 쓰였을 때 편안하고 무난한 느낌을 줍니다. 읽는 이로 하여금 자연스럽게 글쓴이의 주장을 각인시키는 효과가 있어요.

↳ 첫 문장이 성패를 결정한다 / 폴더를 나누어 보관하자 / 첫술에 배부르자

4) 간접 화법

반어법, 은유, 비꼬기 등은 읽는 이에게 '뭐지?' 하는 궁금증을 불러일으킵니다. 본문을 읽고 나면 맥락을 이해하고 '아하, 그렇구나' 할 수 있어요. 읽는 이에게 참신한 재미를 줍니다. 다만 클리셰라고 하죠. 진부하고 흔한 표현은 역효과를 낼 수 있으니 조심하세요.

↳ 먹어야 살을 뺀다 / 성공은 실패의 어머니 / 사막에서 오아시스 찾기

5) 의문문 형식

질문형 제목은 이어지는 내용을 읽으면 답을 찾을 수 있다는 암시를 줍니다. 자연스레 다음 페이지를 넘기게 돼요. 좋은 질문은 독자에게 읽을 동기를 심어줍니다.

↳ 왜 틀 잡기인가? / 김 팀장이 책을 냈다고? / 글쓰기가 어렵나요?

6) 인용문 형식

속담이나 금언 등 타인의 말을 인용하는 방식입니다. 큰따옴표가 들어가면 마치 누군가 옆에서 해주는 말처럼 청각적으로 생생한 느낌을 줍니다.

→ "태초에 자료 조사가 있었다" / "막히면 돌아가라" / "Just write it!"

쉽게 쓰자

우리는 대화할 때 무의식적으로 내가 아는 것을 상대방도 안다고 가정할 때가 많습니다. 자기 생각에 빠져 있는 사람들이 흔히 저지르는 실수지요. 그 결과 오해가 생기고 대화는 불쾌한 경험이 되고 말아요. 상대가 알면서도 모르는 척하거나 내 말을 잘 못 알아듣는다고 여깁니다. 상대도 마찬가지입니다. 말하는 사람이 자기를 무시하거나 강요한다는 느낌을 받습니다. 친절한 대화가 되려면 내가 지금 하려는 말의 내용을 저 사람은 모른다고 전제해야 해요. 사실 그런 경우가 훨씬 많고요.

책을 쓸 때도 그렇습니다. 지금 내가 쓰고 있는 내용을 상대는 전혀 모르고 있다고 가정하세요. 여러분의 원고는 불특정 다수를 대상으로 합니다. 비전문가도 쉽게 이해할 수 있어야 해요. 독자들이 쉽고 빠른 매체가 아닌 '책'을 '돈'을 주고 사서 보는 이유에는 '보편성'도 한몫합니다. 어린이와 청소년용으로 나온 책이 아닌 '일반 단행본'은 글을 읽을 수 있는 청소년부터 성인 대다수가 무난하게 이해하는 걸 전제로 해요. 그래서 편집자들은 '중학교 2학년'을 독자 기본 눈높이로 삼는 경우가 많습니다.

책을 쓰는 사람은 특정 주제를 오랫동안 고민해왔기에 그 문제가 세상에서 가장 중요하다고 착각할 수 있습니다. 그러나 책을 읽는 사람에게는 세상의 많은 문제 중 하나일 뿐이에요. 다만 거기에 관심이 조금 있을 뿐입니다. 불특정 다수를 대상으로 정보를 전달할 때는 최대한 친절하게 말해야 합니다. 또 일반인을 대상으로 하는 책에서는 전문 용어를 되도록 배제하는 것이 좋습니다. 꼭 필요하다면 일상어로 풀어서 설명합니다.

핵심 내용을 먼저 쓰자

독자들은 인내심이 크지 않습니다. 원하는 것이 나오지 않으면 쉽게 책장을 덮어버리지요. 독자들이 기대했던 내용, 즉 핵심 내용을 먼저 쓰면 이런 위험을 피할 수 있어요. 예를 들어 이번 챕터에 쓸 내용이 '스파게티 맛있게 만드는 비법'이라고 가정할게요. 이때 요리 재료를 준비하고 소스를 만드는 과정, 물을 올리고 면을 삶는 일반적인 과정을 서술하는 것보다는, 곧바로 비법을 소개하는 편이 좋습니다. 특제 소스 만드는 법을 먼저 이야기하는 식으로요.

'아동의 문제 행동을 바로잡는 노하우'를 이번 챕터에 쓴다면, 문제 행동의 원인, 문제 행동의 양상을 서술하는 것은 뒤에 배치합니다. 여러분이 알고 있는 지도 원칙, 노하우를 먼저 쓰는 거예요. 그다음에 아이가 보인 행동의 원인 추정, 그동안 있었던 문제 행동에 대해 기술합니다.

  틀 잡기를 통해 우리는 이미 각 챕터별로 써야 할 내용이 무엇인지 알고 있습니다. 가장 핵심적인 내용을 앞에 쓰세요. 우리는 처음 문을 열고 들어섰을 때 마주친 사람을 제일 오래 기억합니다. 중요한 내용을 가장 잘 기억할 수 있는 지점에 배치하세요.

다채롭게 쓰자

사례 들기

길게 이어지는 설명은 읽는 이를 지치게 합니다. 같은 풍경이 끝없이 이어지는 고속도로에서 운전자가 졸음을 참기란 쉬운 일이 아니에요. 설명 이외의 것이 필요합니다. 독자들이 지루해하지 않을 장치가 있어야 해요. 그중 하나가 '사례'예요. 사례는 기술하고 있는 내용과 직접적 연관이 있어야 합니다.

또한 '스토리'가 있어야 해요. 등장인물과 배경, 사건이 있는 스토리는 호기심을 자극합니다. 일상에서 누구나 겪었음 직한 일이면 더 좋습니다. 사례를 쓰고 그다음에 내용을 기술하거나 반대로 내용을 기술한 후 사례를 들 수 있습니다. 앞서 말씀드린 '아동의 문제 행동을 바로잡는 노하우' 챕터를 쓰고 있다면 이렇게 할 수 있습니다.

A타입: 문제 행동 사례 → 문제 행동을 바로잡는 방법 → 적용 후 변화

B타입: 문제 행동을 바로잡는 방법 → 문제 행동 사례 → 적용 후 변화

사진·그림·도표 활용하기

이미지는 문자보다 힘이 셉니다. 우리의 눈을 사로잡거든요. 글을 읽는 중간중간 독자들의 이해를 도울 이미지 자료를 넣어주세요. 열 마디의 말보다 한 장의 그림이 더 효과적일 때가 있습니다. 시각 자료를 적극적으로 활용하세요. 이러한 요소들은 지루함을 덜어주고 가독성을 높입니다. 흥미로운 사진이나, 위트 넘치는 그림을 활용합니다. 그래프나 표라면 직관적으로 이해할 수 있는 단순한 형태가 좋습니다.

인터넷이나 SNS에서 가져온 자료는 저작권이 따로 있을 수 있습니다. 신문 기사나 블로그 등에서 가져왔다면 출처를 메모해 둡니다. 출판 시 인용 허락을 받거나 출처를 밝혀야 하거든요. 그래프나 도표는 나중에 출판용 소프트웨어로 따로 작업하게 되니, 미리 고화질의 자료를 찾으려고 노력하실 필요가 없다는 점을 말씀드려요.

요약하기

한 챕터를 끝냈다면 다음 챕터로 가기 전에 지금까지 서술한

내용을 정리·요약합니다. 박스 처리를 하거나 별도의 표시로 챕터가 끝났다는 신호를 주고 기억해야 할 핵심 내용을 정리합니다. 학교에서 수업을 마치기 전에 선생님이 한 번 더 배운 내용을 확인하는 식이에요. 하나의 챕터를 마쳤다면 그동안 쓴 내용을 요약해서 말미에 실어주세요.

팁 넣기

팁은 책의 내용과 관련이 있을 수도, 없을 수도 있습니다. 글쓰기 책이라면 유명 작가들의 명언 등을 팁으로 넣을 수가 있겠죠. 질문이나 연습 과제 등을 넣을 수도 있습니다. 팁은 서술에 변화를 주는 동시에 유용한 지식을 제공합니다. 이모티콘이나 픽토그램 같은 디자인 요소를 활용해서 책에 리듬감을 불어넣을 수도 있어요.

이상의 방법들은 단조로움을 피하고 책의 내용을 효과적으로 전달하는 데 목적이 있습니다. 이 밖에도 다양한 방법들이 있을 수 있습니다. 여러분만의 아이디어를 활용해서 독자들이 편안하게 여행할 수 있도록 도와주세요.

맞춤법·표기법을 지키자

사람에게는 저마다의 문체style가 있습니다. 자주 쓰는 표현과 문장 형식이 있어요. 책에도 이러한 개성이 반영되기 마련입니다. 그러나 책은 사적인 대화가 아닌 불특정 다수를 대상으로 하는 매체이기에 공통적으로 지켜야 할 규칙이 있습니다.

책은 표준말을 사용합니다. 맞춤법과 표기법을 지켜야 해요. 비속어와 은어 등은 쓰지 않습니다. 물론 완벽하게 100퍼센트 오류 없이 쓰기는 어렵습니다. 그래서 보통은 출판사에서 이 작업을 대신해요. 다만, 원고를 투고할 때 비문(잘못된 문장)이나 맞춤법에 어긋난 문장들이 지나치게 많다면 좋지 않은 인상을 줄 가능성이 있습니다. 맞춤법·표기법에 대해 기본적인 공부를 하는 게 좋습니다.

국립국어원의 한국어 어문 규범(https://korean.go.kr/kornorms/

main/main.do)을 참고하세요. 맞는지 틀리는지 애매하다면 사전이나 맞춤법 검사기 바른한글(https://nara-speller.co.kr/speller), 인공지능 등을 활용할 수 있습니다.

   워드프로세서에도 자체 맞춤법 검사기가 내장되어 있습니다. 잘못 쓴 글자 등을 체크할 때는 좋으나, 정확도가 떨어져서 실제로는 틀리지 않은 표현임에도 수정 창이 뜰 때가 있으니 주의하셔야 합니다.

무엇보다 진심

마지막으로 말씀드릴 것은 바로 '진심'입니다. 이 말을 꼭 전해야겠다는 마음, 이렇게 하면 독자들도 도움을 받을 수 있다는 믿음, 내가 겪었던 시행착오가 다른 이의 성공에 디딤돌이 되기를 바라는 마음을 온전히 글에 담아주세요.

글쓴이의 마음은 책에 자연스레 녹아듭니다. 진심으로 쓰인 글이 독자들의 사랑을 받습니다.

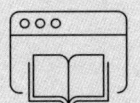

3부

완성과 투고

초고

수고하셨습니다. 초고를 다 썼다면 이제 반쯤 작업이 완성된 셈입니다. '끝난 거 아니야?' 하고 생각하실 수 있겠지만 이제 막 쓴 초고는 갓난아기와 다름없습니다. 세상에 내보내려면 아직도 해야 할 일이 많아요.

초고 이후의 작업은 이전까지와는 성격이 다릅니다. 그동안 거리를 둬왔던 '비판적 사고'를 소환해야 합니다. 오류를 수정하고 내용을 보완하여 더 나은 원고로 만들어야 해요. 지금껏 첫걸음을 떼기 위해, 지치지 않고 쓰기 위해 '그냥'과 '단지'라는 친구와 동행했다면 이제는 바른 소리를 할 줄 아는, 우리를 위축시키기도 하고 혼도 내는 그런 친구를 불러들여야 해요. 방법은 어렵지 않습니다. 지금 앉은 자리에서 머리를 좌우로 세 번 크게 흔들어 보세요. 됐습니다. 이제 그 엄격하고 비판적인 친구의 눈으로 원고를 고쳐 보도록 하죠.

첫 수정의 첫 준비

파일 합치기

아래아한글이나 MS워드로 초고를 작성했다면 지금 작업 파일은 1부, 2부, 3부… 이런 식으로 흩어진 상태일 겁니다. 이 파일들을 하나로 합치세요. 합치는 이유는 통일성을 기하기 위해서입니다. 1부에서는 A라고 썼다가 2부에서는 B라고 쓰는 일이 드물지 않아요.

새 파일을 열고 MS워드라면 [파일 병합(삽입) → 개체], 아래아한글이라면 [입력 → 문서 끼워 넣기] 혹은 전체 복사 (Ctrl+A)를 통해 가져옵니다. 차례를 보면서 순서가 맞는지, 빠진 내용은 없는지 확인합니다. 이상이 없다면 새로운 파일을 '초고'라는 이름으로 저장합니다. 그런 다음 다시 한번 [새 이름으로 저장하기] 혹은 [복사본 저장]을 통해 '1교'라는 이름으로 저장합니다. 이제 '출판되는 책쓰기' 폴더 안에는 1부, 2부, 3부 등과 함께 '초고'와 '1교' 파일이 들어 있습니다.

수정 작업은 '1교' 파일로 합니다. '초고'는 보관용이에요. 일종의 백업 파일입니다. 나중에 1교에서 잘못 고쳤거나 되돌리고 싶을 때 '초고' 파일에서 해당 내용을 가져올 거예요.

스크리브너로 초고를 작성했다면 컴파일compile 기능을 통해 텍스트 파일docx, rtf, txt로 저장합니다. 이 파일을 아래아한글이나 MS워드로 가져와서 작업하세요. 마찬가지로 초고와 1교 파일 두 개를 만듭니다. 수정 작업에서는 스크리브너를 사용하지 않을 거예요. 텍스트와 그림, 사진 등을 모아서 하나의 파일로 작업할 때는 워드프로세서가 효율적이기 때문입니다.

서식 적용하기

1교 파일을 불러옵니다. 이제 서식을 적용해서 보기 좋게 만들 거예요. 본문 전체를 블록 설정해서 서체를 지정합니다. 명조체 계열이라면 어떤 것이든 좋아요. 아래아한글을 쓴다면 함초롬바탕을 추천합니다. 글자 크기는 초깃값인 10포인트보다 조금 더 큰 11~11.5포인트가 좋습니다. 첫행 들여쓰기도 해주세요.

제목에도 서식을 적용합니다. 워드프로세서의 스타일 기능을 활용하세요. 1부, 2부, 3부처럼 가장 큰 단위의 챕터에는 '큰 제목'을 씁니다. 명조 계열로 글자 크기는 16~18포인트 정도로 잡아주세요. 1-1, 1-2, 1-3 같은 하위 제목은 '중간 제목'으로 정합니다. 견고딕 계열로 글자 크기는 10~10.5포인트로 합니다. 굵은 글자는 작아도 가독성이 좋아요. 서체를 정한 후 스타일 기능을 통해 본문 전체에 적용합니다. 다음을 참고하세요.

1부. 큰 제목

본문 내용 본문 내용 본문 내용 본문 내용 본문 내용 본문 내용
본문 내용 본문 내용 본문 내용 본문 내용 본문 내용 본문 내용
본문 내용 본문 내용 본문 내용 본문 내용 본문 내용 본문 내용

1-1 중간 제목

본문 내용 본문 내용 본문 내용 본문 내용 본문 내용 본문 내용
본문 내용 본문 내용 본문 내용 본문 내용 본문 내용 본문 내용
본문 내용 본문 내용 본문 내용 본문 내용 본문 내용 본문 내용

그림·사진·도표 넣기

본문과 연관되는 이미지 요소를 삽입하겠습니다. 본문에 사용할 것들을 추린 후 종류별로 번호를 매깁니다.

사진 1, 사진 2, 그림 1, 그림 2, 표 1. 표 2, 그래프 1, 그래프 2…

본문 안에 파일을 삽입할 때는 들어갈 자리를 눈에 잘 띄게 표시해주세요. 예를 들어 파란색으로 '[사진 1]'이라고 표시한 후 그 아래에 첫 번째 사진을 삽입하는 식입니다. 이렇게 하면 원고 수정 과정에서 이리저리 밀려다니지 않고 제 자리를 지킬 수 있습니다.

출력하기

본문에 서식을 적용해서 읽기 좋게 만들었다면 쪽 번호를 매기고 출력합니다. 출력은 종이 대신 PDF 파일로 합니다. 100여 장에 가까운 종이 묶음을 들고 다니면서 읽기는 어려워요. 아래아한글이나 MS워드에서도 미리 보기 기능을 제공하지만 PDF 파일로 출력해서 전용 뷰어로 읽으면 느낌이 달라요.

모든 원고는 첫인상이 중요합니다. 다른 미디어로 보면 거리감이 생겨서 좀 더 객관적인 시선을 갖게 됩니다. PDF 출력 후 스마트폰이나 태블릿PC로 보세요.

첫인상 기록하기

출퇴근 시간, 쉬는 시간, 식사 후 남는 시간, 휴일 오후 등 언제고 좋습니다. 1교 PDF 파일을 읽어주세요. 처음부터 끝까지 읽되 부분에 얽매이지 않고 큰 틀에서 보도록 합니다. 맞춤법이 틀린 곳, 비문 같은 자잘한 실수들은 그렇구나, 하고 넘어갑니다. 그 자리에서 고치는 대신 전체적인 느낌을 기록할 거예요.

하루 만에 다 읽을 수도 있고 며칠이 걸릴 수도 있습니다. 가급적 한 번에 후루룩 읽고 나서 파일을 닫습니다. 그리고 떠오르는 대략적인 '느낌'을 적습니다. 이것은 향후 수정 작업의 큰 줄기가 됩니다. 다음을 생각해 보세요.

- 원고를 다 읽고 난 후에 무엇이 남는가?
- 읽고 나서 뿌듯한 기분이 드는가, 아니면 반대로 미진한 느낌이 남는가?
- 흐름이 자연스러운가?

묵혀두기

첫인상을 기록했나요? 이제 지금까지 작업한 것들을 모두 머릿속에서 지웁니다. 아무 일도 없었던 것처럼 일상에 집중하거나, 새로운 아이디어가 생겼다면 거기에 주목합니다. 평소 미뤄둔 일이 있다면 그 일을 하세요. 포인트는 써둔 원고를 기억에서 지우는 것입니다. 이 상태를 일주일 동안 유지합니다.

수정하기-흐름 편

초고를 마친 지 벌써 일주일이 지났군요. 본격적으로 수정 작업에 들어가겠습니다. 수정은 hwp, docx 파일로 작성한 1교 파일로 합니다. 먼저 첫인상 노트를 참고해서 수정의 큰 방향을 잡습니다. 초고를 다 읽었는데도 남는 게 없거나 미진한 느낌이라면 기획서에 쓴 이 책의 특징, 장점, 목적 등을 제대로 담고 있는지 확인해야 합니다. 흐름이 어색하고 거슬린다면 구성을 손봐야 해요. 이상의 문제의식을 갖고 다시 한번 초고를 꼼꼼히 읽습니다. 그런 다음 아래 평가 목록을 참고해서 작업합니다.

보완해야 할 부분이 있는가?

설명이 부족한 곳, 사례나 근거 내용이 더 필요한 곳이 있는지 찾아봅니다. 빠뜨린 것이 있다면 채우고 부족한 부분은 보완합니다.

불필요한 내용이 있는가?

해당 챕터의 주제와 관련이 없는 글, 장황한 서술 등을 골라냅니다. 과감하게 삭제하되, 혹시 다른 챕터로 옮기거나 새롭게 챕터로 만들 수 있을지 생각해 보세요. 장황하게 이어지는 글은 핵심만 남기고 뺍니다.

흐름이 자연스러운가?

챕터의 흐름을 살펴보며 필요하면 재배치합니다. 적합한 위치인지 살펴보고 옮기거나 새로 그룹을 만들어 거기에 넣어요. 총 4부였던 것을 5, 6개 부로 늘릴 수도 있고 아예 부를 없애고 1장, 2장, 3장, 4장… 이런 식으로 갈 수도 있습니다. 어떤 배치가 자연스러운 흐름에 적합한지 살펴보세요.

중간 제목들이 독서를 잘 이끌고 있는가?

중간 제목이 가독성을 높여주고 있는지, 이어지는 내용을 잘 함축하고 있는지 등을 살핍니다. 역할을 충실하게 이행하고 있지 않다면 앞뒤 본문을 살펴가며 손봅니다. 큰 제목과 중간 제목이 어울리는지도 확인합니다.

내용에 통일성이 있는가?

앞에서 주장한 내용이 뒤에 나오는 내용과 배치되는지, 용어가 통일되어 있는지 살핍니다.

한 권의 책인데도 주장의 앞뒤가 다른 경우는 아주 흔합니다. 앞에서는 A가 B의 원인이라고 했다가 뒤에서는 C라고 하는 식이죠. 또 앞에서는 A가 가장 좋다고 했다가 뒤에서는 A의 단점을 나열해요. 심지어 자연스러워서 눈에 안 띌 때가 많으니 잘 살펴봅니다.

용어도 통일합니다. 특히 전문서라면 용어 하나하나가 매우 중요해요. 흔한 예는 인명·지명입니다. 카이사르Caesar를 영어식 이름인 시저와 혼용한다거나 앞에서는 스페인으로 표기했다가 뒤에서는 원어 발음인 에스파냐España로 쓴다면 독자들은 헷갈릴 수밖에 없어요. 책의 전문성, 신뢰성이 의심받을 수 있습니다.

그런 이유로 출판사에서는 편집자들이 출간 전에 이를 꼼꼼히 살펴봅니다. 집필 단계에서 통일한다면 원고의 완성도가 높아지겠지요. 출판사에 좋은 인상을 줄 수 있어요.

수정하기-맞춤법과 비문 편

워드프로세서를 사용하다 보면 텍스트 아래 빨간 줄이 생깁니다. 내장된 맞춤법 검사기가 오류를 찾아내서 표시한 거예요. 하지만 이걸 100퍼센트 믿어서는 안 됩니다. 고쳤다가 오히려 틀릴 수도 있거든요. 자체 검사기는 참고만 하고 원고를 꼼꼼히 읽어 내려가면서 맞춤법을 확인하세요.

우리말 맞춤법은 국립국어원 원장도 틀릴 정도로 어렵습니다. 100퍼센트 완벽하게 잡아낼 수도, 그럴 필요도 없습니다. 최대한 깨끗한 원고를 만들려는 노력이라 생각하면서 최선을 다해주세요. 다음 사항을 점검합니다.

- 인명·지명이 올바로 표기되었는가?
- 용어를 통일했는가?

- 용언과 보조 용언 띄어쓰기를 통일했는가?
- 숫자 표기 단위를 통일하였는가? (예: 1만 원, 10,000원)
- 인용문 표시를 제대로 했는가?
- 외래어 표기법을 지켰는가?

오탈자와 비문 고치기

오탈자와 비문은 가독성을 떨어뜨리는 것은 물론, 원고 신뢰도에도 영향을 줍니다. 오탈자는 입력 및 수정 과정에서 주로 생기지요. 글자 자체가 잘못되거나 한 구절, 심지어 한 단락이 실종되기도 하고요. 신중하게 읽어본다면 찾는 게 어렵지는 않아요.

비문은 문법에 맞지 않은 문장입니다. 여기에는 '一했읍니다' '갓난아기를 업혔습니다'처럼 금세 알아볼 수 있는 것도 있지만 그렇지 않을 때도 많아요. 주어와 서술어가 제대로 호응하는지, 목적어와 동사가 제대로 호응하는지를 확인하세요. 긴 문장일수록 틀려도 모르고 넘어갈 위험성이 높습니다. 사동·피동, 시제, 조사의 쓰임 등을 면밀히 살펴야 합니다. 비문은 읽으면 뭔가 이상해요. 그럴 때는 그냥 넘어가지 말고 꼭 확인하시기 바랍니다.

분량 조절하기

마지막으로 분량 문제입니다. 원고 매수를 확인했는데 애초에 계획했던 것보다 많다면 상관없어요. 문제는 부족할 때입니다. 예상보다 분량이 현저히 떨어진다면 새로운 챕터를 추가할 수도 있어요. 중요한 것은 원고에서 하고 싶은 말을 다 했느냐 하는 점입니다. 뭔가 미진하고 빠진 것 같다면, 바로 보완 작업에 들어갑니다. 책은 한 번 인쇄가 되어 나오면 고치기가 어렵습니다. 퇴고할 때 최선을 다해야 해요.

재교

초고를 완성하고 1교 파일로 1차 수정 작업을 했습니다. 이제 이 파일을 저장합니다. 그런 다음 똑같은 파일을 하나 더 만들어서 '2교'라고 이름 붙입니다. 이제부터는 이 파일로 작업을 할 거예요. 가장 먼저 할 일은 출력입니다.

오류와 피드백

종이에 출력하기

1교는 PDF로 출력하여 느낌을 보고 워드프로세서 파일 상에서 직접 수정했습니다. 2교는 종이에 출력해서 그 위에 수정 표시를 할 거예요. 준비물은 빨간 펜과 수정 테이프입니다. 1교 때와 마찬가지로 전체 구성, 제목, 흐름, 비문, 오탈자, 맞춤법 등을 꼼꼼히 살펴봅니다. 다음을 참고하여 수정할 부분을 표시하세요. 이미 한 번 했으니 이번에는 수정량이 많지 않을 거예요. 수정을 마쳤다면 파일에 반영합니다. 그런 다음 저장하고 똑같은 파일을 하나 더 만들어서 '3교'라고 이름 붙여요. 마지막 수정 파일입니다.

믿을 만한 사람에게 보여주기

이제 다른 사람에게 원고를 보여주겠습니다. 3교 파일을 출력해서 믿을 만한 사람에게 평가를 부탁합니다. '믿을 만한'이라는 단서를 붙인 이유는 원고를 정성스럽게 보아줄 사람이어야 하기 때문이에요. 질투심이 많은 사람, 트집 잡기 좋아하는 사람, 타인의 결점을 보아 넘기지 못하는 사람은 여기에 해당하지 않습니다. 우리가 평가받는 이유는 일부러 상처받기 위해서가 아닙니다. 좀 더 나은 원고를 만들기 위해서예요. 객관적으로 원고를 봐줄 사람을 찾아보세요.

타인의 평가를 반영하고 원고에 오류는 없는지 최종적으로 체크합니다. 이때 고칠 수 있는 것과 그럴 수 없는 것을 분명히 구분하셔야 해요. 그러지 않으면 수정-보여주기-수정-보여주기의 무한 루프 개미지옥에 빠질 수 있습니다.

"다 좋은데 재미가 없네." "누가 이런 책을 사서 보겠어?" "다른 아이템 없나?" 이런 평가는 그냥 넘어가세요. 대신 제목이 너무 추상적이라거나 챕터 순서를 바꾸는 게 좋겠다거나 이 사례는 빼고 다른 걸로 대체하는 게 좋겠다거나 하는 의견은 적극적으로 고려하세요. 하지만 타인의 평가는 절대적이지 않습니다. 내 원고에 도움이 되는 방향으로 수용 혹은 거절하세요. 물론 부족한 원고를 검토해주어 고맙다는 인사와 함께 작은 선물을 건네는 걸 잊어서는 안 되겠습니다.

최종본 만들기

초고를 세 차례에 걸쳐 수정했습니다. 더 할 수도 있습니다만, 투고하기 전이니 이 정도면 충분합니다. 만약 출판사에서 관심을 보인다면 그때 가서 또 수정하면 됩니다. 모든 수정 사항이 반영된 3교 파일을 저장합니다. 그리고 똑같은 파일을 하나 더 만들어 '최종본'으로 이름을 붙이세요.

  이제 모든 작업이 끝났습니다. 최종본 파일과 함께 혹시 모를 사태에 대비해 그동안 작업한 내용을 모두 백업해둡니다.

자신에게 선물하기

여러분은 훌륭한 일을 해냈습니다. 초고를 마쳤고 지난한 수정 과정을 거쳐 원고를 최종적으로 마무리했습니다. 마땅히 칭찬받아야 해요. 이제 자신만의 시간을 만드세요. 여행을 가도 좋고 친구들을 만나 신나게 수다를 떨어도 좋습니다. 디저트 카페를 찾아 당분을 보충하고 옷을 삽니다. 평소에 하던 일이더라도 원고를 끝냈다면 특별한 의미를 부여하세요. 오로지 나자신의 성실함과 끈기를 칭찬하기 위해, 지구상에 단 하나뿐인 당신의 원고를 위해 자축하기로 합니다.

투고하기

운명의 순간이 다가왔습니다. 오랜 작업 끝에 마무리한 원고를 출판사에 보내야 해요. 여기까지 왔다면 한동안 잊었던 비관과 의심이 슬금슬금 고개를 들 거예요. '설마 되겠어.' '고생은 했다만 여기까지. 그동안 행복했다.'
단지와 그냥이라는 친구를 불러들일 때가 되었습니다. 결과는 아무도 모릅니다. 우리는 다만, 단지, 그냥 그동안 써온 글을 출판사에 보낼 뿐이에요. 준비할 것은 제안서와 원고, 그리고 담담한 마음입니다.

제안서 만들기

앞서 만들어둔 기획서를 활용합니다. 여러분이 쓴 원고의 장점을 알리는 데 주안점을 둡니다. 제안서는 다음 내용을 포함하여 A4 한두 장 분량으로 만듭니다.

1) 책 제목: 제목은 책의 성격과 분야, 대상 독자를 고려하여 정합니다. 출간이 결정되면 바뀔 수 있으므로 (가제)라는 조건을 붙입니다.
2) 예상 분량: 출판사는 200자 원고지 단위로 분량을 판단합니다. 환산법을 적용하여 표시합니다. (예시: 400매)
3) 지은이 소개: 자기 경력을 간략히 적습니다. 태어난 곳, 생년월일, 출신 학교 등은 넣지 않습니다. 일반적인 내용보다는 독특한 이력, 출판사가 관심을 가질 만한 활동 위

주로 서술합니다.

4) 집필 사유 : 왜 이 책을 쓰게 되었는지, 무엇을 말하고자 하는지, 어떤 독자에게 도움이 될지를 씁니다. 곧 은퇴 시기라서, 회사에서 프로젝트를 하다 보니, 같은 개인적 동기는 적지 않습니다. 우리가 출판사에 사적인 부탁을 하는 건 아니니까요.

5) 주요 내용 : 이 책의 특징, 차별점을 중심으로 기술합니다.

6) 차례: 차례는 출판사에서 이 책의 내용을 판단하는 데 매우 중요한 요소입니다. 무난해 보인다면 흥미를 끌 수 있는 제목으로 수정합니다. 물론 본문도 여기에 맞춰 수정해야 합니다.

간혹 어떤 출판사는 투고 시 요구하는 별도의 양식이 있기도 합니다. 나중에 거기에 맞추더라도 일단 위의 내용으로 만들어 놓습니다.

다음으로 준비할 것은 원고입니다. 최종본 파일을 열어서 pdf로 변환하세요. hwp, docx 등 원본 파일을 보내는 것보다 저작권 보호 측면에서 안전합니다. 원고 전체를 보내는 것보다는 3분의 1이나 2분의 1쯤 보내세요. 그 정도면 충분히 검토가 가능합니다. 나중에 출판사에서 관심을 보이거나 출간이 결정된 후 완전한 파일을 전달합니다. 제안서와 원고 일부를 담은 pdf 파일, 이 두 가지가 투고 시 우리가 출판사에 보내게 될 것들입니다.

투고의 단계

출판사 목록 점검하기

미리 조사한 출판사 명단을 확인합니다. 이 중 우선순위에 있는 출판사 홈페이지에 방문합니다. 투고란이 따로 있는 곳도 있고 연락처만 기재된 곳도 있을 거예요. 해당 출판사의 담당 부서와 연락처, 이메일 주소, 투고 양식 유무 등을 기록합니다. 투고 대상은 다다익선입니다. 최대한 많이 확보해 두세요.

투고 방법

출판사에 원고 검토를 요청하는 방식은 다양합니다. 직접 전화를 해서 부탁할 수도 있고 지인을 통해 담당 편집자를 소개받을 수도 있어요. 출판사에서는 이메일 제출을 선호합니다. 투고 단계에서는 원고 전달 외에 달리 할 수 있는 일이 없습니다. 출간을 그 자리에서 결정할 수 없기 때문이에요. 보통은 기획 회의를 거칩니다. 다음을 참고하세요.

여러 차례로 나누어 투고하자

1순위 출판사에 메일을 보냅니다. 그리고 기다립니다. 언제까지 그래야 할까요? 머릿속에 출판사 사무실을 떠올려 보겠습니다. 아마도 여러분의 원고는 다음과 같은 과정을 거쳐 출간 여부를 결정하게 될 거예요.

파일 도착 → 담당자 전달 및 내용 확인(A) → 팀장 전달 및 내용 검토 (B) → 편집 회의(C) → 출판사 대표 최종 승인(D)

출판사 규모와 조직 형태에 따라 차이가 있습니다. 어떤 출판사는 팀장 선에서 출간 여부를 결정하고 어떤 출판사는 편집장-주간-대표의 결재라인을 줄줄이 통과해야 합니다. 그 시간이 2~3주는 걸려요.

A에서 D까지 어느 단계에서건 해당 원고의 출간이 어렵다고 판단되면, 보통은 정중한 거절 의사를 메일로 보내지만 그러지 않을 수도 있어요. 담당자가 중간에 바뀌었다거나, 너무 바쁜 나머지 통보해야 한다는 사실을 잊었다면 말이죠. 보통

투고한 지 한 달쯤 지났는데 연락이 없다면 출간 의사가 없다고 보시면 됩니다.

보름 간격으로 투고하자

두 번째 투고 순서입니다. 출간이 결정되기까지 그 길다면 길고 짧다면 짧은 시간 동안 손 놓고 있을 수는 없어요. 첫 번째 투고를 한 지 보름이 지났다면 이번에는 2순위 출판사에 원고를 보냅니다. 이렇게 보름 간격으로 같은 원고를 여러 출판사에 보내요. 1월 1일: 1순위 출판사 투고 → 1월 15일: 2순위 출판사 투고 → 1월 30일: 3순위 출판사 투고 → 2월 15일: 4순위 출판사 투고⋯ 이렇게요.

괜한 일을 하는 것 같다는 생각이 들 수도 있습니다. 하지만 여러분의 원고는 세상을 향해 문을 두드릴 만한 가치가 있습니다. 그 가치를 알아볼 편집자를 찾는 일에 수고를 아끼지 마세요.

메일을 보내는 시간

회사마다 다르겠지만 보통 주초에 회의를 합니다. 새로운 일주일의 시작과 더불어 그 주에 처리해야 할 일을 의논하지요. '괜찮은 원고 없나?' 하는 생각이 들 때입니다. 이때 메일함에 여러분의 원고가 와 있다면! 한 번 더 신경 써서 보게 됩니다.

주말에 가까워지면 편집자들도 지치고 긴장이 풀어집니다. 금요일 오후에 도착한 메일은 '다음 주에 보자' 하고 넘길 가능성이 큽니다. 출판 편집자들도 직장인입니다. 가장 의욕이 넘칠 때, 이번 한 주도 잘해 보자고 의지를 다질 때가 언제인지 생각해 보세요.

메일 도착 시간은 오전이 좋습니다. 출근 후 가장 먼저 하는 일이 뭘까요? 메일함을 살피고 SNS를 확인해요. 월요일 오전은 확인할 것들이 몰리는 시기입니다. 예약 메일 기능을 활용해 화요일 오전 9시 30분에서 10시 사이로 발송 시간을 설정하세요.

확인 전화하기

메일은 인터넷 회선을 타고 상대방에게 전달됩니다. 대면 매체가 아니니 수신 확인 표시만으로는 사무실 상황을 알 수 없어요. 전화를 걸어서 메일을 잘 받았는지 확인합니다. 당연히 잘 받았겠지만, 혹시라도 담당자가 휴가 중이라거나 담당이 바뀌었다거나, 자사 홈페이지에 노출된 이메일 주소에 오류가 있다거나 할 수 있습니다. 회사 대표 이메일이라면 담당자에게 인계되기까지 오랜 시간이 걸릴 수도 있고 그사이에 실종(?)될 수도 있습니다.

우리는 소중한 원고가 그 분야의 출간을 담당하는 편집자에게 정확하게 전달되었는지 확인할 의무가 있어요. 메일을 보내고 30분쯤 후 전화를 겁니다. 간단히 자신을 소개하고 메일이 잘 전달되었는지 물어보세요. 담당자가 자리에 없다거나 통화 중이니 대신 전달하겠다는 대답이 돌아올 수도 있습니다. 그렇다면 오케이. 굳이 담당자와 통화하지 않아도 됩니다. 마음 같아서는 이 원고가 얼마나 훌륭한지, 그걸 쓰느라 얼마나 고생했는지, 베스트셀러가 되고도 남을 원고를 당신이 처음으로 보게 된 것이 얼마나 큰 행운인지 말하고 싶겠지만, 참습니다. 판단은 출판사의 몫이니까요.

담당자와 연결이 되었다면 검토 부탁드린다는 말과 함께 전화를 끊습니다. 투고 확인 전화는 짧을수록 좋습니다. 아직 원고를 읽어보지 않은 상태에서 할 수 있는 말은 많지 않아요. 이후로 계속 전화를 걸어서 진행 과정을 묻는 일은 삼가합니다.

간혹 원고에 대한 애정이 과해서 수시로 전화를 거는 분이 있습니다. 원고는 읽어보았는지, 어땠는지, 출간 가능성은 있는지를 물어요. 판단을 재촉한다고 해서 결과가 바뀌지는 않아요. 오히려 불안한 마음만 커집니다. 담당자에게 투고 원고가 잘 전달되었다면 여러분이 할 일은 끝났습니다. 남은 것은 기다림이에요.

메일 전송 버튼을 누르는 순간을 여러분은 아마도 오랫동안 기억하게 될 겁니다. 인생을 바꾸어놓을 순간이니까요. 설령 거절 메일이 오더라도 이전과는 다른 인생을 살게 될 겁니다. 책을 쓰는 삶은 다릅니다. 자신과 마주하며 생각과 느낌을 언어화하는 경험은 그 자체로 소중하고 값집니다. 어쨌든 여러분은 해냈습니다.

거절과 승낙

보내주신 원고 잘 받았습니다. 소중한 원고를 저희에게 보내고 검토할 기회를 주신 데 깊이 감사드립니다. 그러나 저희 출판사에서 출간하기는 어렵다는 말씀을 드립니다. **죄송하지만 원고의 방향이 저희 출판사와 맞지 않다는 것이 편집팀의 결론이었습니다.** 후에 기회가 되면 소중한 인연 이어갈 수 있기를 희망합니다. 감사합니다.
- ○출판사 ○팀 드림

거절 메일입니다. 수락 메일은 따로 예시를 들지 않겠습니다. 다만, 다음같이 애매하게 메일을 보내올 때가 있어요.

보내주신 메일 잘 받았습니다. 저희 부서에서 상의한 결과 보내주신 내용이 너무 전문적이라 시장성이 크지 않다는 결론에 이르렀습니다. 다만, 콘셉트를 달리해서 일반 독자를 대상으로 재구성하면 어떨까 하는 의견이 있었습니다. 원고에 대해 좀 더 상의할 수 있다면 아래 번호로 연락 주시기 바랍니다.

― ○출판사 ○팀 드림

반쯤 수락한 메일입니다. 다만 수정을 전제로 하고 있어요. 출간이 확실하게 결정되지 않았다는 뜻입니다. 보통은 통화 후 미팅 일정을 잡고 원고 수정 방향에 대해 논의합니다. 이후 수정된 원고를 두고 다시 출간 여부를 검토해요.

출판사에서 요구하는 수정 방향과 내가 생각하는 방향이 일치하지 않을 수 있습니다. 출판사는 상업성을 따지기 때문이에요. 이를 부정적으로 볼 이유는 없습니다. 내가 쓴 책을 더 많은 사람이 읽게 하려는 것이니까요.

편집자의 제안을 참고하여 원고를 수정합니다. 그동안 쓴 내용에 연연하지 말고 과감히 고치세요. 쉽지는 않습니다. 어쩌면 초고를 쓰는 것보다 더 많은 시간과 노력이 들 수 있어요. 그렇지만 충분히 의미 있는 작업입니다. 다음 책을 쓸 때는 이 경험이 훌륭한 밑천이 될 거예요.

투고를 위한 마인드 컨트롤

완성한 원고로 출판사 문을 두드리는 동안 계절이 두 번이나 바뀌었습니다. 어느새 겨울이 되었어요. 그사이 메일함은 거절 메일로 가득 찼습니다. 이쯤 되면 기대를 접는 편이 낫겠습니다. 온몸에 기운이 빠집니다. 기대와 실망을 반복하며 지나온 그 시간들이 아주 먼 옛날처럼 느껴집니다.

초고를 마치던 날 밤 그 뿌듯했던 마음이, 원고를 고치면서 나만의 책이 만들어졌을 때를 상상하며 기대에 부풀던 순간이 떠오릅니다. 어쩌면 애초에 출판 가능성이 없었던 건 아닐까요? 그럴지도 모릅니다. 내 글이 지난 몇 개월 동안 담당 편집자가 거절했을 수많은 원고 중 하나일 뿐이라는 생각이 드니 초라해집니다. 그렇다고 투고하기를 멈추어야 할까요? 그렇지 않습니다. 일단 완성된 원고는 어떻게든 책이 되도록 애쓰며 알려야 해요.

세계적인 베스트셀러가 얼마나 많은 거절을 통해 완성되었는지는 여기에서 말씀드리지 않겠습니다. 스무 군데 출판사에서 거절당했다면 또 그만큼의 출판사를 찾아보세요. 아니다 싶으면 전략을 바꾸어 온라인 매체에 원고를 올립니다. 브런치brunch 같은 작가 블로그 서비스도 좋고 개인 블로그도 좋습니다. 원고를 나눠서 일정 기간을 두고 연재하세요.

작가가 되려면 거절에 익숙해져야 합니다. 그러려면 거절을 사적으로 받아들여서는 안 됩니다. 내게 결함이 있어서 거절당한 것이 아니에요. 자기 능력을 탓하는 대신 독자들의 호기심을 끌 만한 요소를 찾아봅니다. 단점을 찾아서 보완하고 콘셉트를 바꾸어보세요.

다음 원고 준비하기

출간 승낙·거절 여부와 상관없이 다음 원고를 준비합니다. 우리가 지금 하려는 것은 책 한 권 만들기가 아닙니다. 계속해서 글을 쓰고 책을 통해 독자들과 소통하는 것이에요. 글쓰기는 그 자체로 삶을 빛나게 합니다. 여러분의 소중한 꿈을 글에 담아보세요. 언젠가는 그 글이 여러분의 꿈을 실현시킬 거예요.

여기까지 오신 모든 분을 응원합니다. 계속 전진하세요.

4부

책쓰기 작업의 실제

여기서는 실제로 작업을 어떻게 진행하는지 보여드리고자 합니다.

이 책의 집필 과정을 작업 순서대로 적었습니다.

참고가 되었으면 합니다.

1. 주제 정하기 단계

어느 날 문득 '글쓰기 책'

장마가 한창이던 어느 날, 길을 가다가 '글쓰기 책을 써보면 어떨까?' 하는 아이디어가 떠오릅니다. 평소 글쓰기에 관심이 있어서 관련 책들을 찾아 읽고 몇 군데에서 뉴스레터를 받아보는 중이었어요. 특히 미국 작가 웨일랜드K. M. Weilnd가 쓴 《소설 구성하기structuring your novel》라는 작법 책에 깊은 인상을 받았습니다.

장편 소설을 쓸 때 어떻게 하면 흥미로운 플롯을 구성할 수 있을지, 어떻게 일관성 있는 흐름을 유지할 수 있을지, 하는 물음에 대한 그녀의 해답은 바로 틀 잡기outline였습니다.

소설의 뼈대를 구성하고 세분화한 후 각각의 챕터에 이정표가 될 만한 내용들을 미리 써놓는 이 방식은 소설이 '영감'

과 '의식의 흐름', '아름다운 문장'으로 만들어진다는, 그래서 평범한 사람은 접근하기 어려운 영역이라는 제 생각이 편견일 수 있음을 알려주었습니다. 소설이 어떤 공법에 따라 구축된다는 발상이 무척 인상적이었어요.

저는 이러한 생각이 그녀만의 것이 아니었음을 알게 되었습니다. 오늘날 장편 소설을 쓰거나 영화 시나리오를 작업할 때 많은 작가가 틀 잡기 방식을 쓰고 있었어요. 이런 방식을 다른 분야의 글에도 적용할 수 있을 것 같았습니다. 어떤 글이든 긴 글을 쓰는 데 기본적으로 이 방식이 도움이 되리라는 생각이 들었어요.

방향 잡기

'글쓰기에 관한 책'이라는 주제에 관해 고민을 거듭했습니다. 어떤 글쓰기 책이어야 할까? 누가 유명 작가도 아닌 내 책을 사서 읽을까? 하는 문제의식이 마음을 무겁게 했습니다. 생각은 더 이상 진척이 되지 않았어요. 일주일쯤 지났을 때 번뜩 은퇴자를 위한 글쓰기 책은 어떨까? 하는 아이디어가 뇌리를 스칩니다.

직장 생활을 오래 한 사람, 아이들을 오랫동안 지켜보고 돌본 사람, 특정 분야에서 지식과 경험을 쌓은 사람, 자기 경험과 노하우를 한 권의 책으로 엮어보고 싶은 사람들이 떠올랐습니다. 그들에게 좀 더 쉽게 글쓰기에 접근하게 하면 어떨까? 하는 생각이 들었습니다.

온라인 서점에서 '은퇴자를 위한 글쓰기'로 검색해 보았습니다. 관련 서적은 없었어요. 잘만 하면 책이 되겠다 싶었습니다. 아무도 이런 아이디어를 책으로 낸 적이 없다는 사실에 고무된 나머지 당장 출판 계약이라도 할 듯 즐거운 상상으로 며칠을 보냈습니다. 그러다 과거에 그와 같은 내용의 글쓰기 강좌가 있었다는 사실을 알게 됩니다. 책으로 나오지는 않았지만 어쩐지 내키지 않았어요.

특정 대상으로 범위를 좁히는 대신 '틀 잡기'와 '출판을 염두에 둔 글쓰기'를 강조하여 다른 책들과 차별화는 게 좋겠다 싶었습니다. 여기에 출판 편집자 경험을 살려 단계별 글쓰기 노하우를 보태면 얼추 그림이 나올 듯했습니다.

이렇게 해서 최초의 아이디어인 '글쓰기 책'은 '은퇴자 대상 글쓰기 책'에서 '직장인 대상 글쓰기 책'으로 갔다가 '출판을 위한 단계별 글쓰기 방법'으로 옮겨갑니다.

2. 자료 조사하기 단계

시장 조사

책쓰기 책이 어느 분야에 속하는지 알아보기로 했습니다. 인터넷 서점 통합 검색 창에 '글쓰기'라는 키워드를 넣었습니다. 초등학생 교재가 나오고 뒤이어 '글쓰기'를 제목에 포함한 일반 도서가 나와요. 그중 하나를 클릭했습니다. 책 표지와 서지 정보들이 쭉 나옵니다. 글쓰기 책은 '국내 도서 > 인문학 > 책 읽기 / 글쓰기 > 글쓰기' 범주에 속해 있었습니다. '글쓰기'를 클릭하니 2,311종의 책이 쏟아집니다.

솔직히 조금 놀랐습니다. 이렇게 많은 글쓰기 책이 있다니, 백사장에 모래알 하나 보태는 건 아닐까 하는 생각이 들었어요. 티도 안 나는 일을 왜 하려는지 나 자신이 한심하고 무모해 보였습니다. 그래도 '그냥' 하는 거니까 이유는 묻지 않기로 스스로를 설득합니다.

'이 분야의 신간 베스트'를 클릭해서 책 내용과 지은이의 면면을 확인합니다. 자세히 보니 글쓰기 책이라고 해서 다 같은 글쓰기 책이 아닙니다. 기성 작가의 소설 작법 책이 있고 글쓰기에 관한 생각을 담은 에세이가 있습니다. 글쓰기가 왜 좋은지, 왜 글을 쓰면 삶이 달라지는지에 관한 이야기가 흥미롭습니다. 하지만 내가 쓰고자 하는 책은 아니야, 하는 생각이 듭니다. 좀 더 기술technical적인 책을 찾아봅니다. 올해 발간된 책을 대상으로 제목과 차례, 분량, 판매 지수, 저자 약력을 봅니다. 그러고 몇 권의 책을 메모해요. 기본 정렬인 '출간일순'을 '판매량순'으로 바꿉니다. 나온 지 꽤 됐지만 여전히 베스트셀러인 글쓰기 책이 보이는군요. 인상적인 책들을 메모합니다.

시장 조사를 마친 후 내린 결론은 다음과 같습니다.

첫째, 글쓰기 책이 매달 15~20권씩 나온다. 그만큼 경쟁이 치열하다는 뜻이고. 그만큼 수요가 있다는 뜻이다.

둘째, 유명 작가(해외 포함)들의 글쓰기 책이 베스트셀러다. 소설·시나리오·에세이 등 문학적인 글쓰기를 궁금해하는 독자들이 있다.

셋째, 좋은 문장 쓰기에 관한 책들이 있다. 직업상 글쓰기가 필요한 독자들이 책을 찾는다.

넷째, 구체적으로 글쓰기 방법을 알려주는 책들이 있다. 이들은 독서, 사색, 습관 들이기 등을 강조한다.

다섯째, 글 써서 출판하는 방법을 알려주는 책들이 있다. 이들은 책은 곧 자기 브랜드라는 전제하에 출판 과정 소개, 출판 가능성 높이는 방법 등을 담고 있다.

이 중 제가 쓰려는 책과 비슷한 콘셉트의 책으로 범위를 좁혔습니다. 검색을 통해 몇 권의 책을 알게 되었어요. 서지 정보를 확인하고 인터넷 서점에서 판매량을 가늠해 보았습니다. 그러면서 글쓰기 책이 '국내 도서 > 자기계발 > 성공 > 성공학'으로도 분류된다는 사실을 새롭게 알았습니다.

자료 조사

처음에는 아직 책의 방향이 결정되지 않은 상황에서 자료 먼저 모으는 게 무슨 의미가 있나 싶었습니다. 하지만 거꾸로 자료를 모으다 보면 생각이 구체화되지 않을까 싶었어요. 인터넷에서 출판 과정, 글쓰기 프로그램, 글쓰기 강좌와 관련한 내용을 찾아서 스크랩했습니다. 특히 틀 잡기에 최적인 글쓰기 프로그램 스크리브너의 매뉴얼을 다시 한번 살펴보고 예전에 작업했던 과정들을 메모했습니다.

그동안 읽었던 글쓰기 책들, 뉴스레터, 관련 메모들도 한데 모았어요. 그 과정에서 지금 내가 책쓰기 책을 쓰려고 한다는 자의식이 생겼습니다. 무언가 일을 벌였고, 그 일이 이미 시작되었다는 생각이 회의와 망설임을 밀어내는 것을 느낄 수 있었어요.

출판사 조사

원고를 쓰고 나면 어떤 출판사에 투고할지도 미리 정하기로 했습니다. 목표가 있어야 의지도 생길 테니까요. 인터넷 서점에 들어가서 앞서 시장 조사 때 보아둔 책들을 다시 확인했습니다. 출판사를 클릭하고 그동안 출간한 책들을 출간일순, 판매량순으로 검색했어요. 1년에 다섯 권 이상 책을 내는 출판사를 추렸습니다. 글쓰기 책을 내지 않았어도 해당 분야인 인문학과 자기계발 분야에서 꾸준히 책을 내는 출판사를 메모했습니다. 그중에는 대형 출판사들도 있었어요. 이들은 문학, 인문·사회, 자기계발, 실용 등 분야를 가리지 않고 책을 냈습니다. 흥미로운 제목과 콘셉트로 눈길을 끄는 출판사도 있었습니다. 발행 종수는 많지 않지만 꾸준히 읽히는 스테디셀러를 낸 출판사도 후보에 넣었습니다.

대형 출판사는 경영 상태를 확인하기로 했습니다. 해당 출판사 홈페이지에 접속해서 이력과 발행 책 목록, 자회사 현황 등을 살펴봅니다. 그러고 나서 구인·구직 사이트에서 재무 상태를 확인합니다. 매출이 수백억 원에 이르고 직원이 100명이 넘는 회사들이었습니다. 순이익을 내는 회사도 있었지만 손실이 큰 회사도 있었어요. 쭉 훑어보면서 이 정도면 인세가 정상 지급되겠군, 하며 혼자 김칫국을 마셨습니다.

중소 규모 출판사들도 조사했습니다. 출판사 소개와 도서 목록을 보고 검색을 통해 관련 기사를 읽었습니다. 이를 통해 출판사의 출간 방향과 설립 취지, 경영 철학 등을 알 수 있었습니다.

이렇게 총 10여 개 출판사를 온라인상에서 방문했어요. 담당 부서, 전화번호, 이메일 주소 등을 메모했습니다. 자료를 정리하고 나자 뿌듯했습니다. 당장이라도 이들 출판사에서 출간 제안이 들어올 것 같은 착각에 휩싸였어요. 글쓰기 동력으로 나쁘지 않았습니다.

3. 생각 정리하기 단계

책쓰기 책을 써야겠다고 마음먹고 자료 조사를 마친 뒤 한동안 아무것도 하지 않았습니다. 뭔가를 시작하기 전에 딴청을 부리는 버릇이 있기도 하고 머릿속으로 이런저런 생각들이 흘러가도록 두는 것도 나쁘지 않다고 생각했습니다. 하지만 언제까지 그러고 있을 수는 없었죠. 스크리브너를 열고 '출판되는 책쓰기'라는 이름의 프로젝트를 만들었습니다. 그리고 그 아래 '스케치'라는 챕터를 만들었어요. 창을 열고 아무 말이나 써넣었습니다. 다음은 그중 일부입니다.

아이디어 스케치와 마인드맵

책쓰기 책. 잘 쓰고 싶어. 솔직하게 친절하게. 도움이 되었으면 좋겠다.

그럴 수 있지. 하나하나 차근차근 도움을 줄 수 있지.

근데 이걸 출간할 수 있을까?

일단 완성하고 투고를 해봐. 안 되면 브런치. 제목을 뭐라고 할까.

글을 쓰고 출판하기

일하고 쓰고 출판하라

글을 쓰는 당신에게

행복하게 쓰고 진지하게 출판하기

출판이라는 말이 꼭 필요할까?

글을 쓰는 당신에게-출판되는 책쓰기 방법

이런 것도 좋은데.

 이 밖에도 책쓰기 책과는 상관없는 사변적인 이야기들이 빈 페이지를 가득 메웠습니다. 차마 여기에 옮길 수 없을 만큼 유치한 글도 있었어요. 그러다 마인드맵을 작성했습니다. 이것 역시 자유 연상에 기반하지만 문장이 아닌 단어로 이어가다 보니 좀 더 책쓰기의 본질에 근접한 개념들이 하나둘 등장했습니다. 정신줄을 놓고 있던 저는 마인드맵을 통해 '출판되는 책쓰기'와 성큼 가까워집니다.

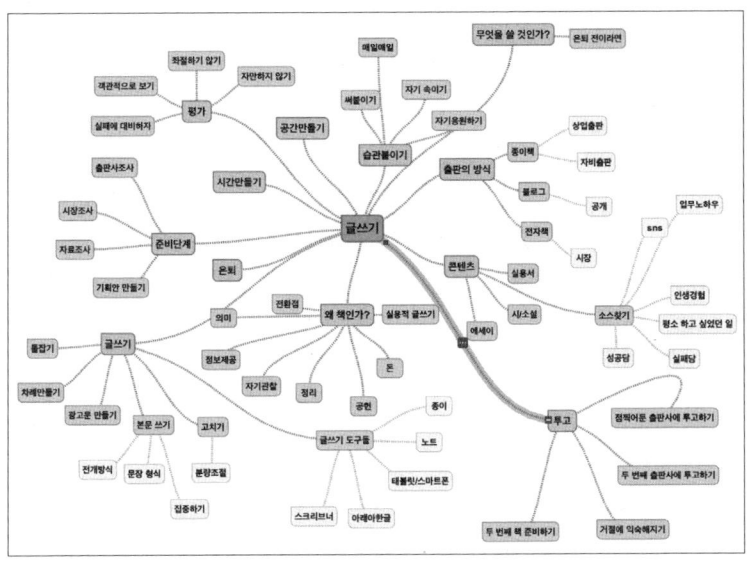

이 책을 구상할 때 작성한 마인드맵

기획서 만들기

마인드맵을 프린트해서 읽어보니 그럴듯했습니다. 책에 채워 넣을 내용들이 분명해지면서 마음속으로 본문을 써나가게 되었어요. 그전에 콘셉트를 정리하고 가는 게 당연히 낫다고 생각했습니다. 먼저 제목을 정했습니다.

제가 이 책을 구상하던 단계에서 후보로 거론된 제목들은 다음과 같았어요.

일하고 쓰고 출판하라 / 은퇴하기 전에 내 책 만들기 / 김 팀장 책 냈어? / 10년 차 직장인을 위한 글쓰기 코칭

처음에는 직장인을 대상으로 한 책쓰기 책을 구상했습니다. 그러다가 방향을 바꾸었어요. 그렇게 해서 최종 낙점한 제목이 '출판되는 책쓰기-소심한 당신을 위한 출판 가이드'였습니다. 출판을 염두에 둔 글쓰기라는 이 책의 성격을 잘 드러내기는 했는데 조금 딱딱한 느낌이 있었어요. 그래서 부제목을 달았습니다. (그리고 출간이 되면서 제목을 바꾸게 되었죠. 제목을 바꾸는 것은 편집 과정에서 흔한 일입니다.)

다음은 차례인데요. 마인드맵을 참고하면서 이 책에 담아야 할 내용들을 하나하나 떠올려보았습니다.

글감 찾기 / 시장 조사 / 마인드맵 / 틀 잡기 / 본문 쓰기 / 좋은 문장 / 원고 수정 / 출력 방식 / 투고 요령…

그런 다음 이를 세분화했습니다.

첫 문장 쓰기 / 습관 만들기 / 글감 정하기 / 기획서 쓰기 / 경쟁 도서 조사하기 / 자료 조사하기 / 글쓰기 프로그램 소개 / 틀 잡기 방법 / 스크

리브너 바인더 사용법 / 원고 수정의 목적과 방식 / 2교와 3교까지의 과정 / 투고의 방식….

목록이 점점 길어졌어요. 뺄 것은 빼고 합칠 것은 합쳤습니다. 그렇게 해서 들어갈 것을 확정하고 '-하기'라는 이름으로 바꾸어 일관성을 부여하는 한편 주제별로 묶었습니다. 제목과 차례가 나오자 기획안의 나머지 부분들은 수월하게 채울 수 있었습니다.

《출판되는 책쓰기》 기획서			
가제	출판되는 책쓰기	분량	15만 자(A4 75~90장, 200자 원고지 750매)
타깃 독자 1) 자기 콘텐츠가 있는 전문직 종사자 2) 글쓰기 관련 종사자나 글을 잘 쓰고 싶은 이 3) 제2의 삶을 준비하는 은퇴자 4) 자신의 특별한 경험이나 노하우를 알리고 싶은 사람.			
주요 내용 1) 글쓰기 습관을 들이는 방법 2) 글감을 찾고 자료를 조사하고 아이디어를 구체화하는 방법 3) 글쓰기 전용 프로그램을 활용해 책의 뼈대를 잡고 설계도를 만드는 방법 4) 차례 만들기, 제목 달기와 원고 완성법, 투고 요령 등 글쓰기 전 과정			

목적
1) 글쓰기를 시작하려는 사람들에게 도움을 준다.
2) 자신의 글을 묶어 책으로 내려는 사람들에게 구체적인 정보를 제공한다.
3) 첫 문장이 책으로 완성되기까지의 과정을 상세하게 보여준다.

특징
1) 글감 정하기, 자료 조사, 틀 잡기, 본문 쓰기와 원고 수정법, 완성한 후 투고하는 법 등 집필에서 출판까지 전 과정을 상세히 기술하고 있다.
2) 글쓰기 전문 프로그램인 스크리브너 활용하기, 워드프로세서를 통한 수정 및 완성 작업 방식 등 효과적인 글쓰기 도구를 소개한다.
3) 출판 편집 경력자의 노하우가 담겨 있다.
4) 문학서·실용서 등 다양한 글쓰기 분야에서 참고할 수 있다.

차례 (큰 파트만)
1부. 콘텐츠 확보하기
2부. 본문 쓰기
3부. 완성과 투고

홍보 문안 작성하기

기획서를 쓰는 데 제법 시간이 걸렸습니다. 그러나 차례까지 만들고 나자 머릿속에 지금 만들어갈 책 모양이 명확해졌습니다. 돌아보면 책쓰기 과정 중에서 가장 희망에 들떴던 순간인 것 같습니다. 그래서였는지, 세상에서 가장 훌륭한 책에 대한 홍보 문안을 작성하면서 부끄러운 마음이 들지 않았어요. 그 결과는 다음과 같았습니다.

책 앞표지에 들어갈 홍보 문안

출판 편집 경력자가 전하는 글쓰기 노하우

뒤표지에 들어갈 홍보 문안

조심스레 써왔던 글을 세상에 내놓을 용기,
미지의 사람들과 소통하는 기쁨,
이 책을 손에 든 순간 당신의 꿈은 현실이 됩니다.

광고 문안

나도 책을 쓸 수 있다!
출판 편집자가 말하는 책쓰기 비결.
하루 다섯 줄의 글이 한 권의 책이 되는 기적을 경험해 보세요.

광고는 성과물의 장점을 적극적으로 알리는 행위입니다. 이를 통해 글쓰기 에너지를 채우고 가야 할 방향을 분명히 할 수 있어요.

4. 글쓰기 도구와 틀 잡기 단계

이 책을 처음 쓰려고 생각했을 때부터 염두에 둔 프로그램이 있었습니다. 바로 스크리브너Scrivener인데요. 당시 저는 이동이 잦아서 데스크톱을 이용하기는 어려웠습니다. 이에 평일에는 태블릿PC로 작업하고 주말에는 노트북으로 썼습니다. 휴대폰은 퇴근길 지하철에서 내용을 입력하고 수정하는 용도로 사용했고요. 작업 단계별 사용 프로그램은 다음과 같습니다.

아이디어 단계(스크리브너 / 심플마인드) → 틀 잡기 단계(스크리브너) → 본문 쓰기 단계(스크리브너) → 수정·퇴고 단계(아래아한글)

틀 잡기 단계

차례는 틀 잡기의 기준입니다. '출판되는 책쓰기'는 기획서를 작성할 때 만든 차례에서 큰 수정 없이 진행할 수 있었습니다. 보통은 중간에 새로운 챕터를 넣거나 기존 챕터를 빼는 일이 빈번합니다. 이는 자연스러운 현상이기에 처음에 완벽한 차례를 만들려고 지나치게 애쓸 필요는 없습니다. 진행하는 동안 새롭게 떠오른 아이디어를 적극적으로 반영하세요.

차례 확정

확정된 차례는 다음과 같습니다. 앞부분에 '워밍업'을 추가했

① 머리말 워밍업	② 1부. 콘텐츠 확보하기 1-1 주제 정하기 1-2 자료 조사하기 1-3 생각 정리하기
③ 2부. 본문 쓰기 2-1 글쓰기 도구 정하기 2-2 틀 잡기 2-3 본문 쓰기	④ 3부. 완성과 투고 3-1 수정하기 3-2 완성하기 3-3 투고하기
⑤ 맺음말	⑥ 부록

고 실제 사례를 하나의 독립된 부로 추가한 후 부록으로 스크리브너 사용법을 넣었습니다.

챕터별 개요와 키워드 쓰기

개요는 다음과 같이 작성하고 핵심 내용을 키워드로 정리했습니다.

머리말	개요	미래의 작가들에게 들려주고 싶은 말
	키워드	가능성 / 시장성 / 희망 / 소통
워밍업	개요	결심이 서지 않았을 때, 지치지 않는 법, 초심 유지법을 쓴다.
	키워드	사례 / 첫 문장 / 망설임 / 비판 / 습관 / 단지 / 그냥
1부. 콘텐츠 확보하기 어떤 글을 쓸지, 글감 찾는 법을 담는다		
1-1 주제 정하기	개요	경험이나 노하우, 성공담 등 글 쓸 주제를 정한다
	키워드	경험 / 노하우 / 성공담 / 실패담 / 논문 / 보고서 / 일기 / 메모 / SNS
1-2 자료 조사하기	개요	글을 쓰기 위한 사전 조사 작업을 소개한다
	키워드	출간 분야 / 시장 / 출판사 / 경쟁 도서 / 집필 자료

죄송하지만 저희 출판사와는 맞지 않습니다

1-3 생각 정리하기	개요	아이디어를 구체화하는 방법을 소개한다
	키워드	스케치 / 마인드맵 / 기획안 / 제목 / 차례 / 장점 / 특징 / 분량 / 홍보

2부. 본문 쓰기
틀 잡기 방법에서 본문 쓰기, 평가하고 수정하기 과정을 서술한다

2-1 글쓰기 도구 정하기	개요	단계별로 활용할 수 있는 기기와 프로그램을 소개한다.
	키워드	노트 / 스마트폰 / 앱 / 워드프로세서 / 스크리브너 / 동기화 / 효율성 / 입력 / 수정
2-2 틀 잡기	개요	차례를 구체화하고 확장하여 전체 틀을 잡는 방법을 소개한다
	키워드	차례 / 구체화 / 시놉시스 / 키워드 / 흐름 / 배분
2-3 본문 쓰기	개요	본문을 쓸 때 유의해야 할 점과 참고 사항 등을 서술한다.
	키워드	머리말 / 사례 / 시놉시스 / 팁 / 위트 / 문장 / 서술어 / 재미

들어갈 내용 생각나는 대로 미리 쓰기

아이디어 스케치와 마인드맵을 참조하여 다음과 같이 들어갈 내용을 간략히 적었습니다.

머리말	개요	미래의 작가들에게 들려주고 싶은 말
	키워드	가능성 / 시장성 / 희망 / 소통
	내용	출판사는 시장성을 따진다. 그러나 우리는 누구나 책을 쓸 수 있다. 용기를 내서 여러분의 경험과 생각을 나누자.
워밍업	개요	결심이 서지 않았을 때, 지치지 않는 법, 초심 유지법을 쓴다.
	키워드	사례 / 첫 문장 / 망설임 / 비판 / 습관 / 단지 / 그냥
	내용	* 결심이 서지 않을 때는 그냥 쓰자. * 한꺼번에 많이 쓸 생각 말고 조금씩 자주 쓰는 습관을 들이자. * 시간과 공간을 확보하자. * 자기 내부의 비판에 굴하지 말자. * 첫 문장을 쓰려면 자신을 속여야 한다. * 책은 책일 뿐이다. 막혔을 때는 돌아가자.

1부. 콘텐츠 확보하기
어떤 글을 쓸지, 글감 찾는 법을 담는다.

1-1 주제 정하기	개요	경험이나 노하우, 성공담 등 글 쓸 주제를 정한다
	키워드	경험 / 노하우 / 성공담 / 실패담 / 논문 / 보고서 / 일기 / 메모 / SNS
	내용	* 인생 경험을 쓴다. * 업무 노하우를 쓴다.

1-1 주제 정하기	내용	* 실패담과 성공담을 쓴다. * 평소 하고 싶었던 말을 쓴다. * 보고서 / 제안서 / 기획서를 찾아본다. * 논문은 매우 좋은 글감이다. * 일기 / 메모 / SNS 등 매일 자주 쓰는 글을 다시 본다.
1-2 자료 조사하기	개요	글을 쓰기 위한 사전 조사 작업을 소개한다
	키워드	출간 분야 / 시장 / 출판사 / 경쟁 도서 / 집필 자료
	내용	* 인터넷 서점 사이트에서 내가 책을 쓸 분야를 확인하자. * 경쟁 도서를 찾아보고 세일 포인트를 알아보자. * 내가 원고를 청탁할 출판사를 미리 찾아보자. * 출판사가 얼마나 자주 어떤 종류의 책을 내는지 확인하자. * 내가 쓰려는 책과 연관된 자료를 인터넷에서 찾아보자.
1-3 생각 정리하기	개요	아이디어를 구체화하는 방법을 소개한다
	키워드	스케치 / 마인드맵 / 기획서 / 제목 / 차례 / 장점 / 특징 / 분량 / 홍보
	내용	* 자유 연상을 통해 생각나는 모든 것을 기록하자. * 마인드맵 앱으로 시각화하는 방식을 활용하자. * 기획서를 만들어서 내가 쓰려는 책을 구체화하자.

1-3 생각 정리하기	내용	* 저자로서 나의 장점은 무엇인가? * 내가 하고 싶은 말은 무엇인가? * 독자들에게 어떻게 접근할 것인가?
2부. 본문 쓰기 틀 잡기 방법에서 본문 쓰기, 평가하고 수정하기 과정을 서술한다		
2-1 글쓰기 도구 정하기	개요	단계별로 활용할 수 있는 기기와 프로그램을 소개한다.
	키워드	노트 / 스마트폰 / 앱 / 워드프로세서 / 스크리브너 / 동기화 / 효율성 / 입력 / 수정
	내용	* 스마트 기기 활용법 * 동기화 방법 * 글쓰기용 앱과 기기 소개 * 워드프로세서 활용하기 * 단계별로 적합한 프로그램과 기기 소개
2-2 틀 잡기	개요	차례를 구체화하고 확장하여 전체 틀을 잡는 방법을 소개한다
	키워드	차례 / 구체화 / 시놉시스 / 키워드 / 흐름 / 배분
	내용	* 차례 확장하기 * 키워드 쓰기 * 개요 쓰기 * 들어갈 내용 요약해서 미리 써놓기 * 분량 배분하기-파일 쪼개기
2-3 본문 쓰기	개요	본문을 쓸 때 유의해야 할 점과 참고 사항 등을 서술한다.

2-3 본문 쓰기	키워드	머리말 / 사례 / 시놉시스 / 팁 / 위트 / 문장 / 서술어 / 재미
	내용	* 머리말부터 쓸 때의 장점 * 지루하지 않게 중간 제목 달기 * 시각적 요소(사진, 도표, 그래프 등) 활용하기 * 간결하게 쓰기 * 사례 활용하기

5. 본문 쓰기 단계

본문 작업은 위에서 작성한 개요·키워드, 미리 써둔 내용을 참고하여 진행합니다. 몰아서 쓰기보다는 조금씩 자주 쓰는 식으로 시간을 안배했습니다. 할당된 목표량을 채우는 일이 쉽지 않았지만 다 쓰고 나니 목표치의 절반밖에 되지 않았어요. 그렇다고 억지로 내용을 채워 넣기도 어려웠습니다. 이에 '책쓰기 작업의 실제'를 추가하고 부록으로 스크리브너 사용법을 넣기로 했어요. 이 책의 집필 과정을 보여주면 이해가 쉽겠다고 판단했지요.

중간 제목 달기

본문을 진행하다 보니 중간에 새롭게 제목을 넣을 필요성이 생겼습니다. 구체적이고 기술적인 부분이 이 책의 강점이라고 생각해서 중간 제목도 거기에 따라 간접적이고 비유적인 표현은 삼가고 간결하고 핵심적인 문구로 했습니다.

수정하기 단계

그동안 원고 작업에 사용했던 도구를 스크리브너에서 아래아한글로 전환했습니다. 컴파일링 기능을 통해 원고 전체를 텍스트txt 파일로 변환한 후 이를 아래아한글에서 불러왔습니다. 그러고는 초고 파일과 1교 파일을 만들었어요.

서식 적용

1교 파일을 열고 서체를 보기 좋게 꾸몄습니다. 아래아한글의 스타일 기능을 사용했습니다.

- 본문 서체 지정: 함초롬바탕, 11포인트, -5, 행 간격 고정 18pt.
- 큰 제목 서체 지정: 함초롬바탕, 18포인트, 자간 -5, 행 간격 고정 18pt.
- 중간 제목 서체 지정: HY견고딕, 10.5포인트, 자간 0, 행 간격 고정 18pt.

그림이 들어갈 자리는 별도로 표시하고 원고 전체에 페이지 번호를 넣은 후 PDF로 변환했습니다.

첫인상 쓰기

출력 후 한동안 방치했습니다. 그렇게 시간을 보내던 어느 날 저녁 완성된 원고를 휘리릭 읽었습니다. 1시간이 채 안 걸리더군요. 다 읽고 나서 다음과 같이 기록했습니다.

- 그럴듯함.
- 원고량이 부족한 느낌.
- 처음 글을 쓰는 사람도 접근할 수 있을 듯.
- 너무 기술적인 부분에 치우친 건 아닐까?
- 그런데 정말 이렇게 해서 책이 나올까?

1차 수정

일단 첫인상은 좋았습니다. 책을 내고 싶은 독자라면 참고할 만했어요. 다만 흐름이 뚝뚝 끊기는 감이 있고 사례가 부족한 듯했습니다. 여기에 대한 보강 작업을 했어요. 기술적인 부분 외에 들어갈 내용이 뭐가 있을까 고민했습니다. 글쓰기의 의미, 글을 잘 쓰기 위한 문장 강화 노하우, 글을 쓰면 좋은 이유 등 평소 제가 읽어왔던 글쓰기 책의 내용이 떠올랐습니다. 그러나 이 부분은 이미 참고할 책들이 많았어요. 치열한 글쓰기와 문장 갈고닦기는 독자들의 몫으로 남기기로 했습니다. 이에 1차 수정은 다음과 같이 했습니다.

- 내용 보강: 사례 강화
- 흐름 연결: 중간 제목 수정, 단락 삭제 및 추가
- 맞춤법: 오탈자 수정, 띄어쓰기, 표기법 통일, 맞춤법 검사기 활용

6. 완성하기 단계

2차 수정

종이로 출력한 후 교정을 보았습니다. 전체 흐름을 보고, 제목, 순서 그리고 오탈자 등을 확인했습니다. 종이로 출력하면 파일 상태에서 안 보이던 것들이 나와요. 좀 더 면밀하게 볼 수 있습니다. 수정을 다 하고 그 내용을 파일에 반영했습니다.

3차 수정

지인에게 원고를 보여줬습니다. 반응은 나쁘지 않았어요. "책 쓰기에 관심이 있는 사람이라면 볼 만한데?"였습니다. 다른 친구로부터는 좀 더 구체적인 제안이 들어왔습니다. 스크리브너라는 생소한 프로그램에 대해 좀 더 설명이 더 필요하다는 것과, 교정 볼 때 주의해야 할 점들을 더 자세히 알려주면

3차 수정

지인에게 원고를 보여줬습니다. 반응은 나쁘지 않았어요. "책 쓰기에 관심이 있는 사람이라면 볼 만한데?"라고 했습니다. 다른 친구로부터는 좀 더 구체적인 제안이 들어왔습니다. 스크리브너라는 생소한 프로그램에 대해 좀 더 설명이 더 필요하다는 것과, 교치면서 주의해야 할 점들을 더 자세히 알려주면 좋겠다는 것이었습니다. 또한 1, 2차 교정에서 잡아내지 못한 오탈자를 파일에 표시해주었습니다. 참 좋은 친구입니다. 이 친구들에게는 고맙다는 인사말과 함께 메신저로 커피 쿠폰을 보냈습니다.

최종본 만들기

이렇게 해서 세 차례 수정을 마친 파일을 〈최종본〉이라는 이름으로 저장했습니다. 그동안 작업했던 파일은 모두 복사해 백업 파일을 따로 만들었어요. 예전에 백업을 안 했다가 크게 망한 적이 있습니다. 이제 모두 끝났다고 생각하니 허탈하기도 하고 설레기도 했습니다. 일단 자축하기로 했어요. OTT에서 정주행했던 의천도룡기를 다시 틀고 예전에 사두었던 게임의 엔딩을 보았어요. 나 자신을 대견히 여기는 마음이 생겼습니다. 작은 행복이었지만 탈고의 기쁨을 누리기엔 충분했습니다.

수정은 세심하게 그리고 과감하게 합니다.

좋겠다는 것이었습니다. 또한 1, 2차 교정에서 잡아내지 못한 오탈자를 파일에 표시해 주었습니다. 저는 이 친구들에게 고맙다는 인사말과 함께 메신저로 커피 쿠폰을 보냈습니다.

최종본 만들기

이렇게 해서 세 차례 수정을 마친 파일을 '최종본'이라는 이름으로 저장했습니다. 그동안 작업했던 파일은 모두 복사해 백업 파일로 따로 만들었어요. 이제 모두 끝났다고 생각하니 허탈하기도 하고 설레기도 했습니다. 일단 자축하기로 했어요. OTT에서 새로 정주행할 드라마를 고르고 예전에 사두었던 게임의 엔딩을 보았어요. 나 자신을 대견히 여기는 마음이 생겼습니다. 작은 행복이었지만 탈고의 기쁨을 누리기엔 충분했습니다.

7. 투고하기 단계

기획서를 토대로 제안서를 만들고 최종본 3분의 1가량을 PDF로 변환했습니다. 프로필을 작성하고 투고 대상 출판사의 목록을 확인했어요. 그중 한 곳에 메일을 보냈습니다.

- 지은이 소개 예시

○년 출판계에 입문하여 퇴사 후 현재 외부 편집자로 일하고 있습니다. 이력은 다음과 같습니다.

○년~○년 ○출판사 경제경영팀 근무

○년~○년 ○출판사 인문·사회팀 근무

경제·경영, 인문·사회, 청소년 분야 단행본 다수 편집 경력.

- 투고 메일 예시

○님께.

안녕하세요. 귀사에 투고할 원고가 있어 메일을 드립니다.

이 원고는 책쓰기에 관한 것입니다.

단행본 기획 편집자로서 다년간 일해온 경력을 살려 매일매일 글을 쓰는 방법, 책이 될 만한 글감을 찾는 방법, 아이디어를 구체화하는 방법, 틀 잡기를 통해 전체 원고의 뼈대를 세우고 가이드라인을 만드는 방법, 원고의 수정과 완성, 투고에 이르기까지, 글쓰기와 책 만들기의 전 과정을 담았습니다.

특히 스크리브너라는 글쓰기 전용 프로그램을 통한 틀 잡기 방법과 원고 작성 단계별 예시로 누구나 쉽게 긴 글 쓰기에 접근할 수 있게 했습니다.

평소 글을 쓰고자 하는 독자, 자기 경험과 노하우를 책으로 묶어내고자 하는 독자들에게 도움이 될 것입니다.

제안서와 원고 일부를 담았습니다. 살펴주시기 바랍니다.

김지호 드림
연락처: 000-0000-0000
이메일: abc@def.com

죄송하지만 저희 출판사와는 맞지 않습니다

에필로그

미래의 작가가 될 당신에게

내가 책을 쓸 수 있을까?

이 질문에 자신 있게 그렇다고 답할 수 있는 사람은 많지 않을 거예요. 보통 책을 쓰는 일은 소수의 재능 있는 사람들이나 가능하다고 여깁니다. 하지만 생각해 보면, 글은 누구나 씁니다. 그렇다면 책도 쓸 수 있지 않을까요? 실제로 직장에서 쓰는 보고서나 SNS에 적는 글, 메모나 일기는 목적이나 수단이 다를 뿐 생각과 느낌, 경험을 나눈다는 점에서 책과 차이가 없습니다.

요즘 시대에 누가 책을 읽느냐고 반문할 수 있습니다. 하지만 우리가 살면서 얼마나 많은 책을 만나는지를 알면 깜짝 놀랄 거예요. 소설, 만화책, 요리책, 여행서, 참고서, 그림책, 동화

책, 전자 제품 매뉴얼북까지… 주위를 둘러보면 읽을거리가 넘칩니다. 일상이 책으로 뒤덮여 있다고 해도 과언이 아닐 정도예요. 그러니 책을 읽지 않는다는 말은 읽을 만한 책이 없다는 뜻일 겁니다.

'에이 누가 그걸 모르나. 하지만 누가 내 글을 묶어 책으로 내겠어?' 하고 생각하실 분도 있을 겁니다. 맞습니다. 누구나 책을 쓸 수 있지만 그 책이 세상으로 나오기는 쉽지 않습니다. 바로 상업성이라는 장벽 때문이에요. 한 권의 책이 시장에서 살아남으려면 누군가 돈을 내고 사서 볼 만큼의 가치가 있어야 합니다.

그렇다면 출판사가 상업성을 판단하는 기준은 무엇일까요? 제 경험을 토대로 말씀드리겠습니다.

첫 번째 기준은 대중성입니다. 해당 원고가 다수의 보통 사람이 관심을 보일 만한 주제를 다루고 있어야 합니다. 예를 들어 주식 거래를 통해 수익을 내는 방법을 다룬 글은 주식 거래의 역사를 다룬 글보다 잘 팔릴 확률이 높습니다.

보통 처음 책을 시장에 내보내는 물량은 1,000~2,000부입니다. 분야에 따라 더 적게 혹은 더 많이 찍을 수도 있습니다만, 대략 그래요. 그런데 서점에 나갔다가 독자를 만나지 못한 책은 되돌아옵니다. 이걸 반품이라고 하는데요. 이런 일이 없을 경우, 즉 첫 인쇄 물량인 초판이 모두 팔린다면 이 책은 손익 분기를 넘겼다고 볼 수 있습니다. 책이 계속 잘 나가서 판매 부수가 5,000부, 1만 부를 넘긴다면 지은이는 두 번째 책을 낼 가능성이 커집니다. 작가의 상업성이 검증된 셈이니까요.

두 번째 기준은 참신성입니다. 출판사는 이제껏 경쟁사들이 낸 적 없는 특별한 주제나 소재를 다룬 원고를 선호합니다. 고만고만한 책들 틈에서 눈에 확 들어오는 책이 될 테니까요. 그런 참신한 원고를 만나는 순간 편집자의 눈앞에는 블루오션이 펼쳐집니다.

주식 투자 노하우를 쓴 책은 많지만 인터넷과 모바일에 상대적으로 취약한 노년층을 대상으로 한 주식 책은 드물어요.

누군가 이런 원고를 썼다면 참신성에서 한 표를 더할 수 있습니다. 대중적이면서 참신성이 돋보이는 글, 편집자들이 가장 선호하는 원고예요.

세 번째는 가능성입니다. 매년 수만 권의 책이 쏟아져나오는 출판 시장을 예측하기란 쉽지 않아요. 그만큼 유동적이기 때문입니다. 시시각각 변하는 사람들의 관심사처럼 지금 이 순간에도 출판 시장은 변하고 있습니다. 선입견이나 편견 없이 세상을 바라보는 글, 시대를 앞서가는 글, 사회 변화를 잘 포착한 글에는 가능성이 있습니다. 이를 알아보는 것이야말로 편집자의 안목이기도 하고요. 여러 군데서 거절되었다가 나중에 출판 흐름을 바꿀 만큼 어마어마한 베스트셀러가 된 사례가 이를 증명합니다.

네 번째는 공익성입니다. 상업성이 부족해도 꼭 필요한 책이다 싶을 때가 있어요. 그런 책은 각종 지원 사업의 선정 도서로 뽑혀 제작비를 일부 지원받을 가능성이 있습니다. 출판사의 브랜딩 관리를 위해 출간 결정을 내릴 수도 있고요. 공익성이 출간 결정에 우선순위는 아니지만, 그래도 기준에 포함한 이유는 위의 세 기준에 공익성까지 충족한다면 그야말로 금상첨화이기 때문입니다. 대중성에 공익성까지 더해졌다면 출판사로서는 책으로 안 만들 이유가 없어요. 때로 출판에는 명분이 작용합니다. 출간을 결정하는 요소는 생각보다 다양해요.

책이 되려면 문장이 뛰어나야 한다고 생각하시는 분도 많습니다. 그러나 시, 소설, 에세이처럼 글맛이 중요한 요소로 작용하는 문학 분야가 아니라면 미려한 글솜씨가 필요조건은 아니에요. 그러니 미리 겁을 먹을 필요는 없습니다. 독자들은 새로운 책을 기다리고 있어요. 중요한 것은 늘 '무엇과 어떻게'입니다.

여러분의 경험과 생각은 소중합니다. 충분히 나눌 만한 가치가 있습니다. 또한 우리 모두에겐 가능성과 잠재력이라는 훌륭한 자산이 있어요. 고군분투하며 완성한 내 글이 한 권의 책이 되어 독자의 손에 쥐어지는 순간, 삶은 달라집니다. 글쓰기는 그 자체로 자신과 마주하며 세상과 소통하는 소중한 경험입니다. 여러분이 그 길을 향해 과감하게 한 걸음 내딛기를, 늘 행운이 함께하기를 진심으로 기원합니다.

김지호 드림

부록:
스크리브너 사용법

이 장에서는 스크리브너 윈도용을 기준 삼아 주요한 기능 몇 가지를 안내합니다.

스크리브너를 시작하는 초보자를 대상으로 작성했으니 상세한 활용법은 직접 프로그램을 쓰면서 익혀야 함을 알려 드립니다.

1. 설치에서 활용까지

제작사 홈페이지에서 구입하기

스크리브너는 2025년 8월 기준 윈도와 맥, iOS 버전 세 종류가 있습니다. 아직 안드로이드 버전은 출시되지 않았어요. 윈도용과 맥용은 인터페이스와 외형에 약간의 차이가 있습니다만 주요 기능은 같습니다. iOS용 스크리브너는 아이폰과 아이패드에서 사용할 수 있습니다. iOS용에 데스크탑용의 많은 기능이 이식되었지만 스냅샷 등 몇 가지가 빠져 있어요.

가격은 윈도와 맥용이 각각 59.99달러, iOS용은 23.99달러입니다. (부담이 되는 가격일 수 있습니다. 다행히 공식적인 루트로 정가보다 저렴하게 라이센스를 살 방법이 있습니다. 인터넷에서 '스크리브너 할인'으로 검색해 보세요.) 이 중 원하는 버전을 구입하면 되는데, 여기서는 윈도용에 맞춰 설치 과정을 설명하겠습니다.

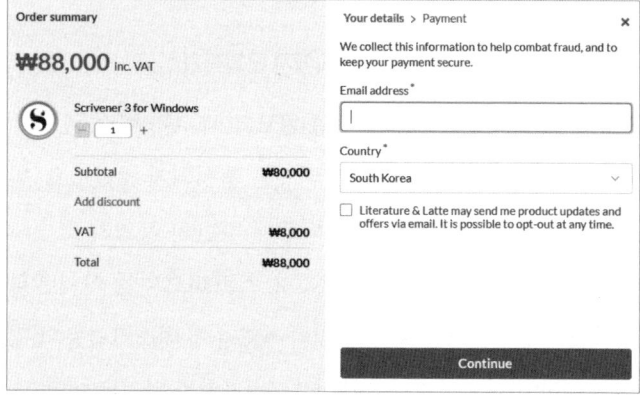

스크리브너는 구독제가 아닌 라이센스 구입 방식이며 하나로 여러 컴퓨터에 설치하여 쓸 수 있다.

먼저 스크리브너 제작사 홈페이지(literatureandlatte.com)로 갑니다. 메인 페이지에 접속했나요? 중앙에 보이는 [buy now] 버튼을 누릅니다. 학생이라면 인증 절차를 거쳐 할인된 가격에

학생용을 구입할 수 있습니다만, 일반인이라면 [Standard] 버전을 선택합니다. 이제부터 결제 과정입니다. 빈칸에 이메일을 입력하고 안내에 따라가시면 됩니다. 해외 결제가 가능한 카드(VISA / master 등)를 준비하세요.

결제를 마치면 앞서 입력한 주소로 메일이 한 통 도착합니다. 이 이메일에는 구매 내역과 제품의 시리얼 번호가 안내되어 있습니다. 특히 시리얼 번호는 매우 중요하므로 잘 보관하기 바랍니다.

스크리브너는 한 번 구입하는 것으로 기한 없는 소유권을 얻습니다. 또한 한 번 구입으로 동일한 OS의 여러 기기에서 사용할 수 있습니다(윈도용의 경우 PC 3대까지). 추가로 설치하는 방법은 다음과 같습니다.

여러 대에 설치하기

먼저 홈페이지에서 시험판을 내려받습니다. 설치를 마쳤다면 상단 메뉴 중 [도움말]을 클릭하세요. 아래에서 네 번째 칸에 [지금 구매]를 클릭하여 구매 창을 띄운 후 [라이센스 입력]을 누릅니다. [활성화] 창에 구입할 때 적어 넣은 이메일 주소와 결제 이후 받은 라이센스 코드를 입력하면 끝. 이제 이 기기에서도 스크리브너를 사용할 수 있어요.

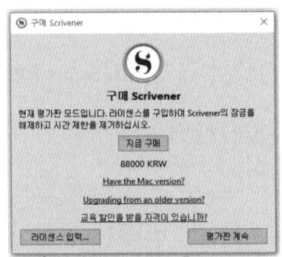
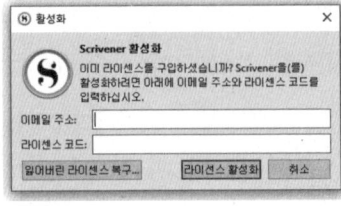

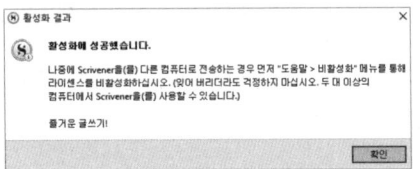

재설치를 대비해 구매 후 받은 라이센스 코드(시리얼 번호)는 저장해 두는 것이 좋다. 분실 시에는 고객 문의를 통해 안내받을 수 있다.

한편 스크리브너를 지워야 할 때가 있습니다. 설치된 기기를 중고로 판다거나 폐기할 때는 프로그램 삭제에 앞서 비활성화해 주세요. 그래야 여분의 사용권을 유지할 수 있습니다. 비활성화 절차는 활성화 때와 같습니다. [도움말] 메뉴를 열고 [scrivener 비활성화] 버튼을 클릭하세요.

시험판으로 '찍먹'해 보기

유료 프로그램인 만큼 용도에 적합한지 확인한 후에 구입하는 것도 좋은 방법입니다. 바로 앞서 설명해드린 시험판입니다. 실사용일 기준 30일간 스크리브너의 모든 기능을 제한 없이 사용할 수 있어요.

메인 페이지나 상단 메뉴의 [product] → [scrivener]를 선택하면 [DOWNLOAD FREE TRIAL] 버튼이 나옵니다. 내려받아 설치해 주세요. 기한 만료일까지 충분히 써본 후 그때 구매 여부를 결정하면 됩니다.

스크리브너를 설치하고 활성화 단계까지 마쳤나요? 그럼 본격적으로 사용법을 익혀보겠습니다.

메뉴 한글화하기

스크리브너를 설치하고 나서 맨 먼저 할 일은 '한글화'입니다. 스크리브너는 기본적으로 한글을 지원합니다만, 메뉴는 영어가 기본값으로 설정되어 있어요. 한국어로 바꿔주어야 합

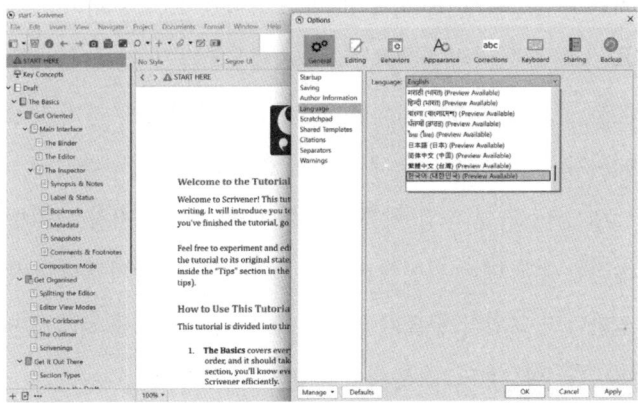

스크리브너 한글화하기

니다.

구동했을 때 나오는 초기 화면에서 [Open]을 선택하여 [Interactive Tutorial] 파일을 엽니다. 이후 상단 메뉴에서 [File → Options → General → Language]를 체크하고 아래로 스크롤합니다. 한국어(대한민국)는 맨 아래에 있어요. [OK]를 누른 후 재시동하면 짜잔하고 한글로 바뀝니다.

프로젝트 파일 생성하기 / 저장하기

스크리브너를 처음 실행하면 템플릿 창이 뜹니다. 실행 즉시 '빈 문서' 창이 뜨는 워드프로세서에 익숙해 있는 분들은 좀 당황스러울 거예요. 하지만 곧 익숙해집니다. 템플릿 창에는 기본 옵션으로 빈 문서, 소설, 비소설, 대본 쓰기, 기타가 있어요. 소설을 선택해 볼까요? 그러면 아우트라인, 리서치, 배경, 인물 등 소설 쓰기에 필요한 요소들을 포함한 구성 틀이 제공됩니다. 우리는 책을 쓸 테니까 '빈 문서'를 선택합니다.

새 창이 뜨면 파일 이름을 정하세요. 그리고 저장 위치를 설정합니다. 여러 장치에서 쓰지 않고 하나의 장치에서만 작성한다면 고민할 필요가 없습니다. 원하는 경로를 지정하면 됩니다. [예: 내 PC → 문서 → 원고]

여러 장치에서 작성한다면 드롭박스를 설치하고 동기화

죄송하지만 저희 출판사와는 맞지 않습니다

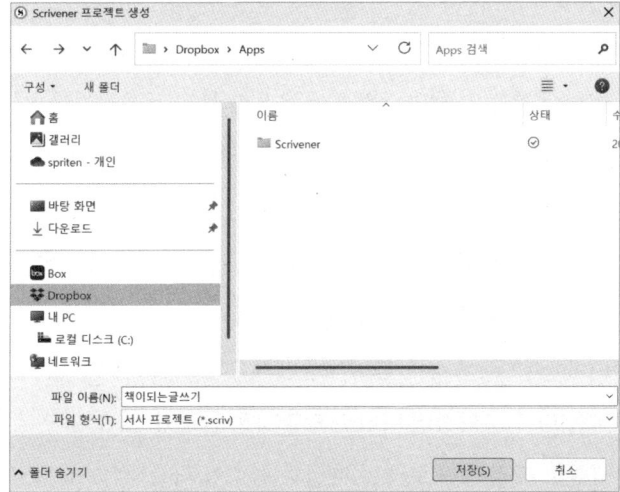

맥OS, 윈도, iOS 등 여러 OS 기기에서 작업한다면 드롭박스 동기화 폴더 저장이 좋다.

폴더에 저장합니다. 이때 폴더 경로는 반드시 아래와 같아야 합니다. [내 PC → C: → 사용자 → (내 컴퓨터 이름) → Dropbox → APPS → Scrivener]

여기에 저장하면 자동으로 실시간 동기화됩니다. 단 여러 장치에서 작성 중일 때는 파일이 서로 충돌할 수 있으므로 작업을 마친 후에는 꼭 동기화해 주세요.

템플릿 활용하기

템플릿는 미리 만든 틀입니다. 소설 템플릿이라면 챕터와 장면, 캐릭터, 배경 관련 원고를 써넣을 곳이 미리 만들어져 있습니다. 비소설 에세이나 논문 등도 쓰기 좋게 아웃라인이 갖춰져 있어 특정 분야의 글쓰기에 유용한 틀을 제공합니다.

스크리브너에서 기본적으로 제공하는 것 외에 사용자들이 직접 만들어 공개한 템플릿도 있어요. 대부분 영문이지만 한글로 수정할 수 있습니다. 책을 구상할 때 의외로 좋은 참조물이 될 수 있어요. 포털에서 검색 창에 'free scrivener template'라고 쓰거나 인공지능에게 "스크리브너 템플릿을 구해줘"라고 부탁하면 다양한 템플릿을 얻을 수 있습니다.

템플릿 파일은 프로젝트 파일과 형식이 다릅니다. 새 프로젝트 창의 왼쪽 [옵션 → 템플릿 가져오기]를 통해 이용할 수 있으며 여기서 작업하다가 저장하면 자동으로 프로젝트 파일이 생성됩니다.

직접 만들 수도 있습니다. 해당 프로젝트를 [파일 → 템플릿으로 저장하기] 하면 됩니다. 이 기능은 비슷한 프로젝트를 여러 개 반복적으로 작업할 때 유용합니다.

초기 설정 바꾸기

스크리브너의 설정은 상단 메뉴의 [파일 > 옵션]에서 바꿀 수 있습니다. 그중 알아두면 좋을 것들은 다음과 같아요.

① 시작 화면 설정하기

스크리브너는 구동 시 자동으로 최근 프로젝트를 불러옵니다. 그런데 이거 은근히 불편해요. 매번 같은 작업만 하는 건 아니거든요. 설정을 손봐서 어떤 작업을 할지 그때그때 정하는 걸로 바꾸겠습니다.

옵션으로 들어갑니다. [파일 → 옵션 → 일반 → 시작 설정]을 열어주세요. [종료 시 열려 있던 프로젝트를 다시 엽니다] 옵션이 있을 겁니다. 여기를 한 번 더 체크하여 비활성화하면 초기 화면이 시작 패널(프로젝트 템플릿)로 바뀝니다. 이렇게 하면 다음부터는 수동으로 작업할 프로젝트를 선택할 수 있어요.

그 아래 [열려 있는 프로젝트가 없을 때 템플릿 선택기를 표시합니다] 옵션도 체크해 주세요. 그러면 작업 중인 프로젝트를 모두 닫았을 때 프로그램이 종료되지 않고 시작 패널로 돌아갑니다. 시작은 시작 패널로! 강력 추천합니다.

② 본문 서체 바꾸기

[파일 → 옵션 → 편집 → 편집기 형식]에서 본문과 노트의 기본 서체를 바꿀 수 있습니다. 마음에 드는 서체로 꾸며보세요.

③ 글자 입력 시 생기는 빨간 줄 없애기

스크리브너로 글을 쓰다 보면 글자 아래에 빨간 줄이 생깁니다. 뭔가 잘못되었다는 느낌이 듭니다. 여간 신경 쓰이는 게 아니에요. 설정을 바꾸면 해결할 수 있습니다.

[파일 → 옵션 → 오타 수정 → 맞춤법 검사]에서 [입력 시 맞춤법 검사] 항목을 해제하세요. 빨간 줄은 이 부분이 활성화되어서 생기는 현상입니다. 스크리브너가 기본적으로 영어 사전을 사용하기 때문에 그래요(아쉽게도 한국어 사전은 포함되어 있지 않습니다). 한글 사용자라면 이 옵션을 비활성화해주세요.

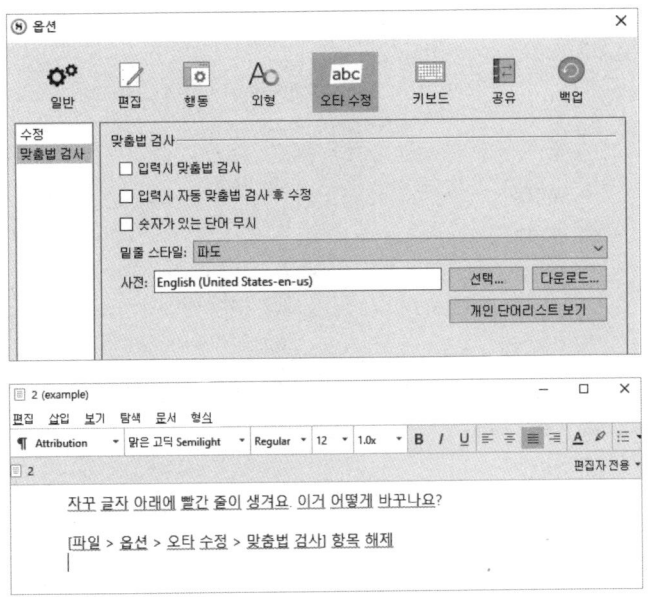

맞춤법 검사 설정을 바꾸지 않으면 계속 이런 화면을 보아야 한다.

④ 툴바 설정하기

스크리브너로 글을 쓰다 보면 자주 쓰는 기능이 생깁니다. 그런데 이걸 실행하려고 일일이 마우스로 상단 메뉴를 찾아 들어가다 보니 피곤합니다. 온전히 글쓰기에 집중하려면 글쓰기 이외에 들어가는 품을 최대한 줄여야 해요. 자주 쓰는 기능은 툴바에 아이콘으로 고정해 두세요.

[보기 → 툴바 사용자 정의]에 들어갑니다. 설정 창이 열리

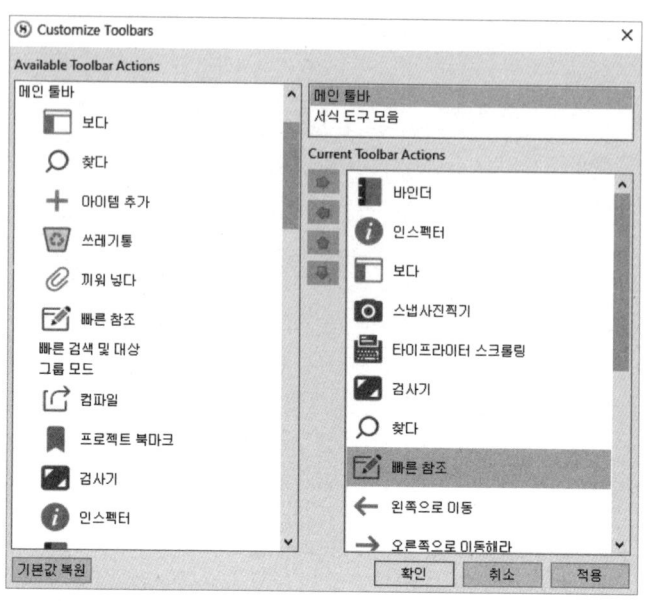

자주 쓰는 기능 툴바에 등록하기

면서 왼쪽에 주요 아이콘이 설명과 함께 나열되는데요. 중앙의 화살표를 이용해 그중 자주 쓰는 기능을 오른쪽 창으로 옮기고 [확인]을 눌러줍니다. 이제 주요 기능을 클릭 한 번으로 실행할 수 있습니다. 특히 다음 기능을 툴바에 등록해 두면 작업이 무척 간편해집니다.

바인더 / 인스펙터 / 아이템 추가 / 좌우 이동 / 목표 / 통계 / 스냅 사진

찍기 / 타이프라이터 스크롤링 / 컴포지션 모드 / 찾기 / 빠른 참조

본문 입력하기 / 꾸미기

스크리브너에서 프로젝트를 열면 바인더와 텍스트 편집 창이 나타납니다. 이때 상단 메뉴의 [보기 → 조사관]을 활성화하면 왼쪽에 바인더, 가운데에 텍스트 편집 창, 오른쪽에 인스펙터, 이렇게 모두 세 개의 창이 하나의 화면에 나타나게 됩니다. (한글 메뉴에는 '조사관'으로 표시되어 있는데 이것이 바로 인스펙터입니다.)

각 창의 크기는 바꿀 수 있습니다. 마우스로 창의 경계에 두고 드래그하면서 넓이를 조절합니다. [보기 → 컴포지션 모드] 기능을 사용하면 검은 배경 화면의 텍스트 편집 창이 화면을 가득 채웁니다. 글쓰기에만 집중할 수 있게 도와주는 기능이에요.

한편 서식 기능을 사용하면 문서의 가독성을 높일 수 있습니다. 서식을 적용하는 방법은 다음과 같습니다.

① 글꼴 바꾸기

텍스트 편집 창 상단에 보면 영문 서체 이름 옆에 작은 역삼각형 표시가 있습니다. 여길 클릭하면 해당 기기에서 사용할

수 있는 서체 목록이 나옵니다. 계속 내려가다 보면 한글 서체가 있어요. 원하는 서체를 클릭하여 글꼴을 바꿉니다. 그 옆의 숫자는 글자 크기이며 배율(x) 표시는 행간을 조절하는 옵션들입니다. 글자 두께와 기울기, 단락 정렬 방식과 글자 색 등을 조절하는 아이콘도 보입니다. 이를 통해 다양한 서식으로 꾸밀 수 있어요.

블록을 지정한 후 마우스 오른쪽 버튼을 누르거나 상단 메뉴의 [형식 → 서체 → 서체 보이기]를 통해서도 같은 작업을 할 수 있습니다.

② 스타일 지정하기

앞서 소개한 방법은 개별 글자나 지정된 블록의 서체를 바꿉니다. 만약 일정한 패턴의 서체가 반복되는 문서를 작성한다면, 예를 들어 제목과 본문, 중간 제목, 각주가 반복적으로 나타나는 문서라면 이를 미리 등록해놓고 적용할 수 있습니다. 매번 글꼴 바꾸기 메뉴에 들어가지 않아도 되니 시간을 꽤 아낄 수 있습니다.

텍스트 편집 창 상단 좌측에 있는 [스타일 없음] 칸을 눌러 보세요. 상단 메뉴의 [형식 → 스타일 → 스타일 패널]를 선택해도 됩니다. 해당 항목들은 초기 설정값입니다. 원하는 부분

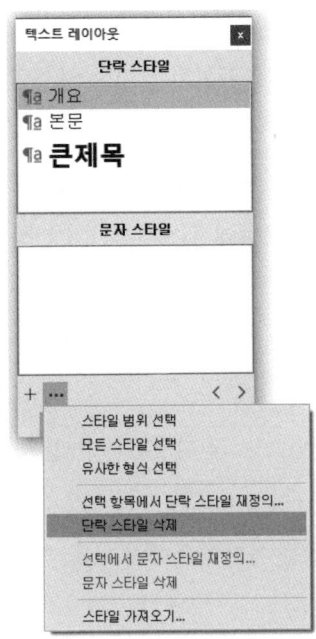

스타일 패널에서 초기 스타일 세트를 수정할 수 있다.

을 선택하면 본문 서체를 해당 스타일로 바꿀 수 있습니다.

스타일 패널에서 스타일을 지우거나 추가할 수 있습니다. 지우고 싶은 스타일을 선택하고 […]을 누른 후 [단락 스타일 삭제]를 클릭하세요. (패널 하단의 '스타일 제거'와 혼동하면 안 됩니다! 스타일 제거는 글자에 적용한 스타일을 해제하고 기본 서체로 돌아간다는 뜻이에요) 특정 단락에 커서를 두고 [+] 표시를 누르면 그 글자 형식이 새로운 스타일로 등록할 수 있습니다.

참고로 스크리브너 파일은 워드프로세서에서 곧장 불러올 수 없습니다. 컴파일을 통해 MS워드 파일이나 기타 텍스트 파일로 변환해야 하는데요. 이때 서식이 그대로 적용되지 않아요. 따라서 스크리브너로 초고를 작성하고 퇴고를 워드프로세서에서 할 예정이라면 스크리브너에서는 최소한의 서식만 사용할 것을 권합니다.

연동하기

요즘은 데스크톱이나 노트북뿐만 아니라 다양한 모바일 장치로 글을 씁니다. 그러다 보면 글이 조각조각 흩어지기 쉬워요. 이를 방지하려면 하나의 파일을 여러 장치에서 기록·수정하되 서로 연동되도록 해야 합니다.

스크리브너라면 드롭박스를 사용하세요. 다른 클라우드 서비스도 이용할 수 있지만 스크리브너 프로그램 내에서 바로 동기화가 되지는 않아요. 드롭박스만 실시간 동기화를 지원합니다.

설정 방법은 앞서 말씀드린 바와 같습니다. 드롭박스를 열고 메인에서 'Apps' 폴더를 만듭니다. 이어서 그 안에 'Scrivener'라는 하위 폴더를 만듭니다. 이때 스펠링 꼭 확인하세요!

이제 여기에 프로젝트(스크리브너의 문서 단위)를 저장하면 스크리브너 구동 시 자동으로 해당 파일을 인식하고 동기화합니다. 단, 장치가 인터넷에 연결되어 있고 드롭박스가 구동된 상태여야 해요. 보통은 '윈도 시작 시 드롭박스 시작' 옵션을 사용하지만 이 부분이 체크되어 있지 않다면 스크리브너 작업 시 꼭 드롭박스 프로그램을 작동시키고 동기화 상황을 체크하세요.

컴파일하기

컴파일은 일반 워드프로세서의 '출력' 개념으로 생각하시면 됩니다. 스크리브너는 프로젝트 단위로 문서를 다루기에 각각의 문서를 '묶어서' 출력한다고 볼 수 있어요. 이때 어떤 문서를 포함하거나 뺄지 선택할 수 있습니다.

자, 그럼 예제 프로젝트를 컴파일해 보겠습니다.

상단 메뉴의 [파일 → 컴파일]을 누릅니다. [컴파일 대상]은 출력 방식을 말합니다. [서식 있는 텍스트(.rtf)]를 선택하면 기존 서식을 일정 정도 유지하면서 워드프로세서로 작업하기 알맞은 파일 형태로 출력됩니다. 스크리브너는 이 외에도 docx, PDF나 txt, html 등 다양한 형식을 지원해요.

오른쪽에 표시된 창은 출력 범위입니다. 특정 챕터를 빼고

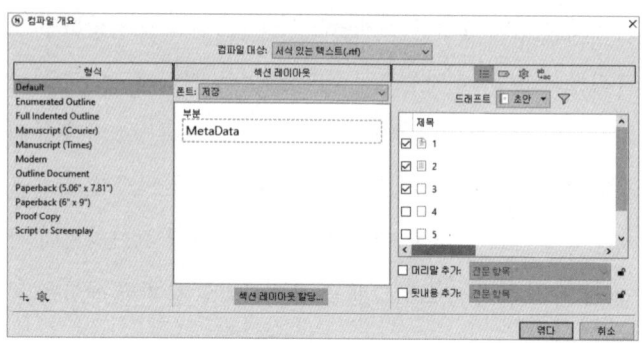

스크리브너는 다양한 출력 방식을 지원한다.

싶으면 체크박스를 눌러 해제하면 됩니다. 이제 알맞은 옵션을 선택한 후에 [엮다] 버튼을 누르세요.

2. 알아두면 요긴한 기능들

지금까지 스크리브너의 기능과 사용법을 알아보았습니다. 스크리브너에는 이 밖에도 방대한 기능들이 있습니다. 매뉴얼에 세세하게 나와 있지만 영문이고 워낙 양이 많아서 모두 읽어보기는 힘들어요. 그중 사용자들이 공통적으로 추천하는 유용한 기능들만 따로 모았습니다. 다음을 잘 기억했다가 꼭 사용해 보세요.

바인더

스크리브너에서 가장 핵심적인 기능 하나를 꼽으라면 저는 주저 없이 [바인더]를 택합니다. 그만큼 편리하고 유용합니다. 바인더를 통해 책의 틀을 구성하고 이를 확인하면서 원고를 쓸 수 있어요. 바인더는 스크리브너 시작과 함께 왼쪽에 등장하는 창입니다.

바인더 사용법은 다음과 같습니다.

① 챕터 추가하기

프로젝트 내에 작업할 문서를 생성하는 기능입니다. 두 가지 방법이 있습니다. 하나는 바인더 창에서 마우스 오른쪽 버튼을 클릭하는 것입니다. [추가 → 새 텍스트]를 눌러보세요. 새로운 챕터가 생성되는 것을 확인할 수 있을 겁니다. 새로 만들었으면 더블클릭한 후 이름을 바꾸세요. 두 번째 방법은 상단 메뉴의 [프로젝트 → 새 텍스트]를 누르는 것입니다.

② 챕터 삭제하기

챕터를 삭제하는 방법은 아주 간단합니다. 해당 챕터에 마우스를 올리고 오른쪽 버튼을 클릭하여 [쓰레기통으로]를 선택하세요. 해당 챕터를 끌어다가 바인더 하단에 있는 쓰레기통에 옮겨놓을 수도 있습니다. 이렇게 해서 지운 챕터는 나중에 쓰레기통으로 가서 되살릴 수 있어요.

③ 챕터 위치 바꾸기·합치기

구성 단계에서 혹은 원고 작성 중에 전체 틀을 바꾸고 싶을 때가 있습니다. 이때는 해당 챕터를 드래그해서 원하는 위치에 놓으면 됩니다. 간단하죠?

만약 어떤 챕터를 특정 챕터와 겹치게 놓으면 이 두 챕터는 합쳐집니다. 하나는 상위 문서가 되고 다른 하나는 하위 문서가 돼요. 일종의 그룹을 형성하지요. 이처럼 바인더는 범주화된 문서들을 순서도처럼 쭉 펼쳐서 하나로 보여줍니다.

이때 바인더에서 생성된 텍스트의 좌우 위치는 매우 중요합니다. 바인더에서 문서의 위치는 소속된 범주를 뜻합니다. 맨 왼쪽에 있으면 최상위 범주, 그보다 오른쪽에 있으면 하위 범주에 속한다는 뜻이에요.

예를 들어 저는 원고를 작성하다 지운 내용 등을 '자투리'라는 문서로 따로 작성해 놓는데요. 이 부분은 [초안] 바깥에 둡니다. 수시로 참조하면서 작업할 수 있어요.

코르크보드와 아웃라이너

텍스트 편집 창 오른쪽 위에는 세 개의 보기 모드 아이콘이 있습니다. 왼쪽은 [문서 보기]로 바인더-텍스트 편집 창-인스펙트 식으로 화면이 구성되는 양식입니다. 그 옆, 그러니까 가운데 창문처럼 생긴 아이콘은 [코르크보드]입니다. 한번 클릭해볼까요? 텍스트 편집 창이 사라지고 그 자리에 칠판에

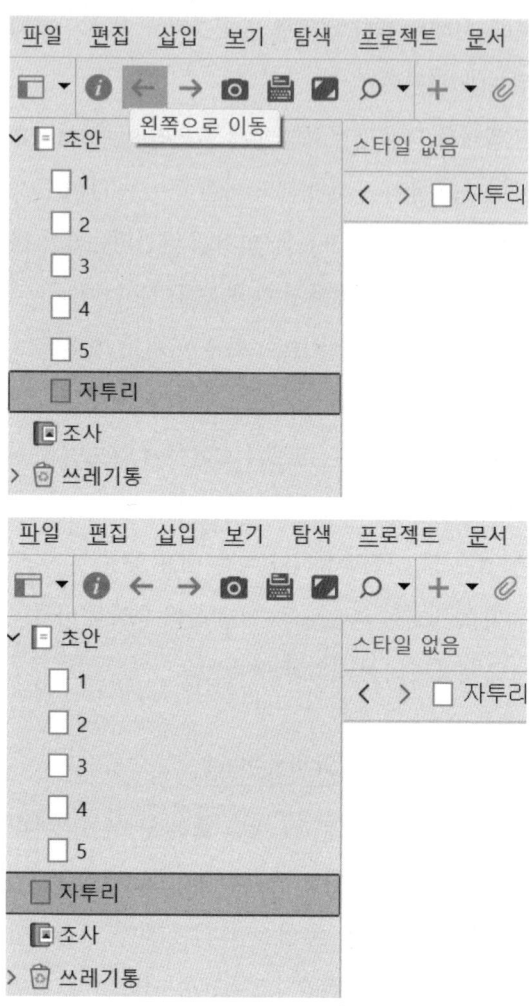

'자투리'가 왼쪽으로 빠지면서 초안에서 벗어나 별도의 챕터가 되었다.

메모지를 붙인 듯한 창이 나타납니다.

이 기능으로 전체 원고 구성을 한눈에 볼 수 있어요. 구상 단계에서 책에 들어갈 내용과 순서를 정할 때 요긴합니다. 작업이 진행된 후에도 이리저리 챕터의 위치를 옮기면서 구성을 바꿀 수 있어요. 메모지를 마우스로 클릭한 후 원하는 위치로 드래그하면 됩니다. 간단하죠.

맨 오른쪽 아이콘은 [아웃라인]입니다. [코르크보드]가 메모지 형태로 책의 구조를 보여준다면 [아웃라인]은 문자열로 보여줍니다. 간결하게 흐름을 파악할 수 있다는 장점이

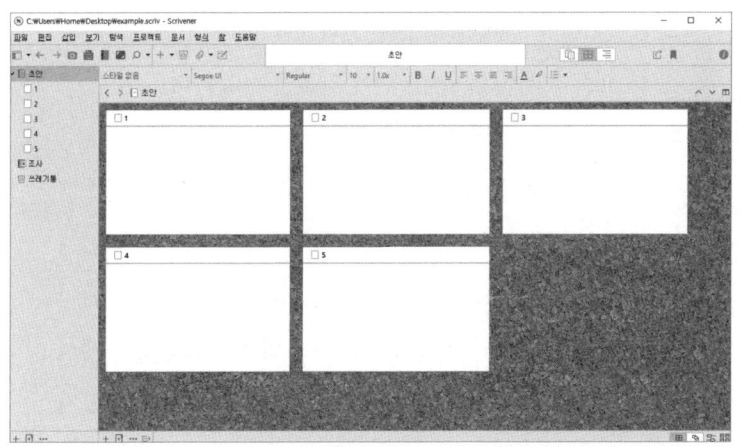

코르크보드의 모양, 격자 크기와 간격 등은 파일→옵션→외형→코르크보드에서 바꿀 수 있다.

있어요. 마찬가지로 마우스 클릭-드래그를 통해 손쉽게 구성을 바꿀 수 있습니다. 이는 스크리브너가 갖는 강력한 기능으로 책을 구상할 때, 흐름을 파악하고 구성을 바꾸고자 할 때 유용합니다. 상단 메뉴의 [보기]에서도 선택할 수 있습니다.

스냅샷

글을 쓰다 보면 예전에 썼던 글로 돌아가야 할 때가 있습니다. 새로 고쳤는데 마음에 안 들거나 이전 글이 나아 보일 때가 그렇죠. 뭔가 빠진 게 있나 싶어 이전에 쓴 내용을 확인해야 할 때도 있어요. 워드프로세서라면 따로 백업해놓은 파일을 열어보거나 기억에 의존해야 하지요. 하지만 스크리브너에서는 [스냅샷]이 있습니다. 이 기능을 사용하려면 글을 쓰는 중간에 미리 [스냅샷]으로 저장해 두어야 합니다.

상단 메뉴 중 [문서 → 스냅샷 → 스냅 사진 찍기]나 인스펙터에서 사진기 아이콘을 선택한 후 [+] 표시를 누릅니다. 그러면 사진 찍히는 소리와 함께 편집 중인 내용이 저장됩니다. 나중에 이 내용을 반영하려면 인스펙터의 스냅샷 창에서 [롤백]을 선택하세요. 지금 쓰고 있는 내용을 따로 저장할지를 물은 후 텍스트 편집 창의 내용을 당시 것으로 바꾸어줍니다.

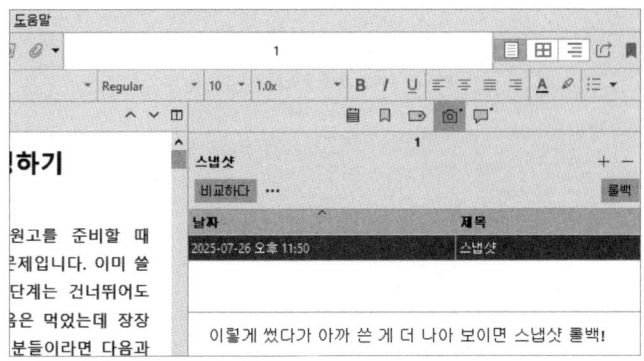

작업 중 스냅샷으로 저장하면 언제든 그 지점으로 돌아갈 수 있다.

프로젝트 목표 설정

책에는 분량이 있습니다. 작업할 때 이를 충분히 의식하고 있어야 해요. 그래야 나중에 넘치는 부분을 덜어내거나 부족한 부분을 메우는 수고를 덜 수 있습니다.

상단 메뉴의 [프로젝트 → 프로젝트 목표]를 선택하세요. 전체 원고 분량과 특정 기간 작업 목표량을 정할 수 있습니다. 이때 [단어]를 [문자]로 바꾸어주세요. 영문 원고는 단어로 계산하지만 우리말 원고는 보통 '200자' 원고지 매수로 환산합니다. 만약 내가 쓰고 있는 책이 1,000매 목표라면 공란에 200×1000=20만 '문자'로 적어 넣으면 됩니다.

부분 챕터별 목표를 설정하려면 우측 맨 아래에 있는 과녁

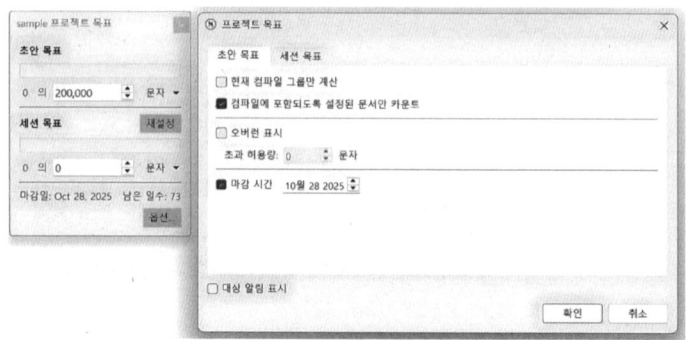

[프로젝트 목표]에서 [옵션]을 선택하면 [마감 시간]도 설정할 수 있다.

표시를 눌러 [문서 목표] 창을 열어야 합니다. 지금 쓰고 있는 챕터의 진행 상황은 편집 창 하단 중앙에 표시됩니다. 오른쪽 가로 막대는 이를 직관적으로 보여주고요. 막대를 누르면 지금 쓰고 있는 챕터의 목표치를 바로 수정할 수 있습니다.

인스펙터

인스펙터는 바인더와 더불어 원고 구상 및 작성 시 매우 유용한 기능입니다. 이 기능을 활성화하려면 상단 메뉴에서 [보기 → 조사관(인스펙터)]를 클릭합니다. 하나하나 살펴볼게요. 먼저 수첩 아이콘을 눌러보겠습니다.

① **시놉시스**

해당 챕터에 들어갈 내용을 요약해서 적어 넣는 공간입니다. 내가 무엇을 써야 하는지, 어디로 가야 하는지를 알려주는 이정표라고 생각하면 됩니다.

② **노트**

챕터 단위로 원고를 작성할 때 참고할 내용들을 적습니다. 꼭 들어가야 할 내용이나 주의사항, 사진이나 링크 등을 써넣거나 복사하여 원고 작업 시 참고할 수 있습니다.

③ **문서 책갈피**

수첩 옆 책갈피 아이콘을 누르면 [문서 책갈피]가 나옵니다. 참고 자료를 이곳에 담아둘 수 있습니다. […] 를 눌러볼까요. 내부 책갈피는 현재 작성하고 있는 프로젝트에 속하는 내용을, 외부 책갈피는 웹페이지 링크를 걸어둘 수 있어요. 작업 중인 편집 창을 벗어나지 않고 해당 내용을 확인할 수 있습니다.

  [문서 책갈피]를 클릭하면 [프로젝트 북마크]로 전환할 수 있습니다. 해당 프로젝트 전체와 관련한 자료라면 여기에 담아두세요.

④ 메타데이터

북마크 옆에는 라벨지 아이콘이 있습니다. [일반 메타데이터] 아래 [사용자 정의 메타데이터 설정]을 선택하면 메인 옵션 메뉴를 이용하지 않고 여기에서 간단히 조정할 수 있습니다. (윈도용의 경우 한글화가 불완전해 이 항목 이름이 '예기치 않은 파일명이 선택되었습니다'로 표기되어 있습니다.)

⑤ 키워드

해당 챕터를 어떤 키워드로 분류할 건지를 정하는 기능이에요. 제 경우는 별로 사용할 일이 없기는 했습니다만, 필요하신 분들도 있을 거예요. 방대한 분량의 챕터를 키워드별로 그룹화해서 편집할 때 유용합니다.

⑥ 주석 및 각주

마지막으로 맨 오른쪽에는 말풍선 아이콘입니다. 논문을 쓰는 분들에게 유용한 주석 기능입니다.

원하는 지점에 커서를 두고 말풍선 버튼을 누르면 [설명] 창이 생성됩니다. 초깃값은 컴퓨터 이름과 시간·날짜예요. 이를 지우고 혹은 뒤이어서 필요한 내용을 쓰시면 됩니다. 그러면 해당 위치에 노란 블록이 생깁니다. 여기를 클릭하면 입력한 내용을 볼 수 있어요. 해당 블록을 누른 상태에서 그 옆 [+cf] 버튼을 누르면 각주로 변환됩니다. 작성한 설명이나 각주는 [x] 버튼을 누르거나 상단의 [-]로 삭제할 수 있어요.

타이프라이터 스크롤링

일반 워드프로세서는 한 줄을 입력하고 나면 커서가 아래로 내려갑니다. 쓰다 보면 저 아래에 가 있죠. 스크리브너라면 그럴 일이 없습니다. 상단 메뉴의 [보기 → 텍스트 편집 → 타이프라이터 스크롤링]을 선택해 보세요. 이후로는 커서가 항상 화면 중간에 자리 잡게 됩니다. 엔터키를 칠 때마다 커서가 한 칸씩 내려가는 대신 화면이 한 칸씩 위로 올라가요. 마치 타자기를 사용할 때처럼요.

컴포지션 모드와 빠른 참조 열기

바인더와 인덱스 창은 원고의 전체 흐름을 파악하고 지금 쓰고 있는 내용을 확인하는 데 유용합니다. 그러나 때로 딱 지금의 글에만 집중하고 싶을 때가 있어요. 상단 메뉴에서 [보기 → 컴포지션 모드]을 선택해 보세요. 시각적으로 어떤 것에도 방해받고 싶지 않을 때 좋습니다.

[컴포지션 모드]를 통해 전체 화면으로 바꾸었나요? 마우스를 맨 아래로 내려 보세요. 새로운 메뉴 창이 올라올 겁니다. [텍스트 비율]을 조정해서 눈에 보이는 글자 크기를 키우거나 줄입니다. 입력 창의 폭은 [페이지 넓이]로, 높이는 알트 Alt 키를 누르고 있으면 나오는 [용지 높이]로 조절할 수 있습니다.

[페이지 위치]는 중앙이 좋지만 인스펙터 창을 함께 쓰고 싶다면 왼쪽이나 오른쪽으로 밀면 좋겠네요. 키워드나 인스펙터를 사용할지, 다른 문서를 편집할지 등은 가운데 나타나는 아이콘 모음을 통해 손쉽게 결정할 수 있습니다. 맨 오른쪽의 [배경 감추기]에서 조절 막대를 오른쪽 끝까지 이동시켜 검은 바탕 화면으로 만들어주세요. 훨씬 집중이 잘 될 겁니다. 이전 편집 모드로 돌아가려면 키보드 [Esc] 키를 누르거나 맨 오른쪽의 화면 줄임 표시를 누릅니다.

추천할 또 다른 입력 모드로는 [빠른 참조]가 있습니다. 상단 메뉴에서 [탐색 → 빠른 참조 열기]를 통해 해당 챕터를 찾아가세요. 이름과 달리 이 기능은 별도의 편집 창을 제공합니다. 깔끔한 입력 공간에 서체 외의 다른 메뉴는 생략되어 있습니다. 창을 확대해서 전체 화면으로 놓고 글을 써보세요. 집중 잘됩니다.

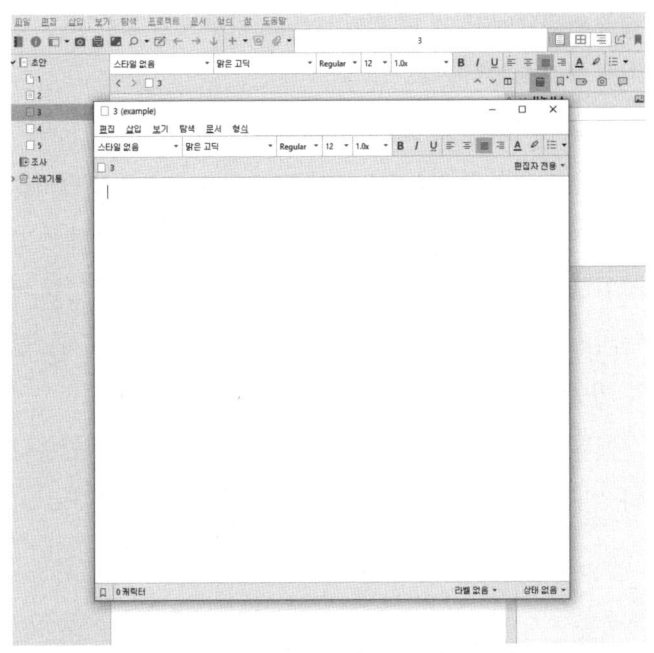

심플한 메뉴로 집중력을 높여주는 [빠른 참조]. [컴포지션 모드]보다 분위기가 밝다.

단어 찾기-바꾸기

스크리브너를 처음 사용하면서 당황했던 게 일괄 변환 기능의 부재였습니다. 무수히 많이 적어넣은 '결재'라는 단어를 '결제'로 바꿔야 하는데, 관련 메뉴를 찾을 수가 없었어요. 오른쪽 위에 돋보기 창이 있습니다만 그곳에 글자를 입력하면 왼쪽 바인더에 [찾기 결과]만 나와요. 바꿀 수가 없습니다. 심지어 툴바도 없더군요.

일일이 바꿔야 하나 싶어 절망하다가 혹시나 해서 [Ctrl+F]를 눌러보았습니다. 일반 워드프로세서에서 특정 단어를 찾을 때 많이 쓰는 단축키였거든요. 그랬더니 [찾기-바꾸기] 창이 뜨더군요. 너무 반가웠습니다. 나중에 알고 보니 상단 메뉴의 [편집 → 찾기 → 찾다]를 통해서도 같은 기능을 사용할 수 있었습니다.

메뉴의 한글화가 불완전해서 빚어진 작은 소동이었습니다. 기억하세요. 스크리브너의 메뉴 중 [편집 → 찾기 → 찾다]

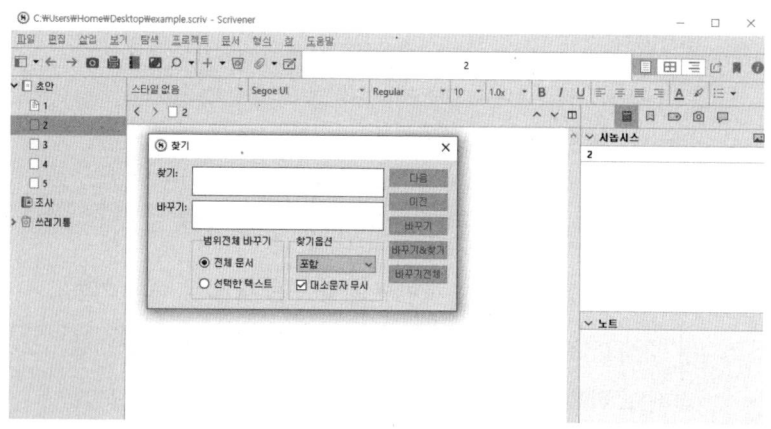

워드프로세서의 찾아 바꾸기에 대응하는 스크리브너의 찾기 기능

가 바로 [찾기-바꾸기]라는 것, 그리고 단축키 [Ctrl+F]를 이용하시는 게 훨씬 빠르다는 사실을요.

이 책의 본문은 '을유1945' 서체를 사용했습니다.

죄송하지만 저희 출판사와는 맞지 않습니다

초판 1쇄 발행	2025년 9월 5일
지은이	김지호
펴낸곳	㈜행성비
펴낸이	임태주
책임편집	이윤희
디자인	이유나
마케팅	배새나
출판등록번호	제2010-000208호
주소	경기도 김포시 김포한강10로 133번길 107, 710호
대표전화	031-8071-5913
팩스	0505-115-5917
이메일	hangseongb@naver.com
홈페이지	www.planetb.co.kr

ISBN 979-11-6471-302-8 (03800)

※ 이 책은 신저작권법에 따라 보호를 받는 저작물이므로 무단 전재와 무단 복제를 금합니다. 이 책 내용의 일부 또한 전부를 이용하려면 반드시 저작권자와 ㈜행성비의 동의를 받아야 합니다.
※ 책값은 뒤표지에 있습니다. 잘못 만들어진 책은 구입하신 서점에서 교환해 드립니다.

행성B는 독자 여러분의 참신한 기획 아이디어와 독창적인 원고를 기다리고 있습니다.
hangseongb@naver.com으로 보내 주시면 소중하게 검토하겠습니다.